「主体的・対話的で深い学び」に導く

歯・口を教材とした健康教育

子どもたちの
ライフスキルをはぐくむ
実践集

石黒幸司・関根幸枝・高田康二・武井典子・村上元良　編著
小林文恵・佐塚仁一郎・高柳幸司・東尾真紀子　著

はじめに

　新学習指導要領では、「教育基本法や学校教育法が目指す普遍的な教育の根幹を踏まえ、情報化やグローバル化の進展や人工知能の飛躍的な進化など、社会の加速度的な変化を受け止め、将来の予測が難しい社会の中でも、伝統や文化に立脚した広い視野を持ち、志高く未来を作り出していくために必要な資質・能力を子供たち一人一人に確実に育む学校教育を実現」が改訂の基本方針とされています。このような資質・能力をはぐくんでいくためには、子どもたちにとって「何ができるようになるか」「何を学ぶか」「どのように学ぶか」が重要です。健康教育においても、子どもたちが生涯を通じて健康の保持増進を実現するための資質・能力の育成をめざす上で、「主体的・対話的で深い学び」の視点は極めて重要です。

　さて、これまでの皆さんの歯と口の健康教育では、多くの知識を一方的に教え込む「知識伝達型」指導をしていませんか？　「むし歯や歯周病は怖い病気」「放っておくと歯を失う」などのネガティブな「脅し型」の健康教育をしていませんか？　これでは、歯科保健が持つ健康教育の教材としての本質的なよさを捨ててしまっているといっても過言ではありません。

　健康教育は、一方的に健康について教え込む教育ではありません。健康は学ぶことにも意義はありますが、それ以上に、自らが獲得することに意義があり、その学びや獲得過程を支援するのが健康教育です。健康を獲得することは、人の生き方と強く結びついています。したがって、他人から与えられるのではなく、自分自身で主体的に求め獲得することが基本となります。そうした観点から、歯と口の健康教育は「主体的・対話的で深い学び」を獲得するための素晴らしい教材です。歯と口の健康は、①子どもや家族にとって共通の教材、②自分の目で観察しやすい教材、③思考力・判断力の形成に役立つ教材、④問題解決方法を考え判断しやすい教材、⑤自らの実践や努力で改善できる教材、⑥実行しやすく評価しやすい教材、などの特徴があります。

　近年、人々の生活習慣や生活様式は多様化しています。個々で異なる生活スタイルの中に歯と口の健康行動をどのように入れ込むかを自分自身で考え、そして決めて実行していく過程を支援することがよりいっそう大切になっています。また、自分で決めたことが実行できたかどうかの評価を通して成就感を味わうことができ、これにより、セルフエスティーム（健全な自尊心）が高まります。さらに新たな課題にもチャレンジすることができるようになります。健康教育の最終目標は、自分らしく、よりよい生き方（自己実現）ができるようにすることです。

　今回、このような考え方のもとに本書を作成しました。歯と口の健康教育を「主体的・対話的で深い学び」の教材として実践するための短時間（プチ実践編）と１時間／数時間（実践編）の例を具体的に提案しました。本書を参考に、歯と口の健康教育を通して子どもたちのライフスキル（生きる力）をはぐくんでいただけることを願ってやみません。

編著者一同

目　次

はじめに

Chapter 1　理論編

新学習指導要領の改訂ポイント……………………………………………………2

新学習指導要領とライフスキル……………………………………………………2

ライフスキルの土台となるセルフエスティーム…………………………………3

「歯と口の健康教育」を教材にしたライフスキル教育のメリット………………6

Chapter 2　プチ実践編　短い時間ですぐ実践！

みんな笑顔に！プチ実践集…………………………………………………………12

アイスブレイク………………………………………………………………………12

メインゲーム…………………………………………………………………………15

　助け合って、なかよく、楽しく！………………………………………………15

　ほめてほめられて、よい気持ち！………………………………………………18

むし歯にならないために自分ができること………………………………………26

わたしの「歯ぐき」元気かな？元気になったかな？……………………………29

スマイルハッピー歯みがき大作戦！………………………………………………34

Chapter 3　実践編　1時間から数時間まで！じっくり実践！

みがけているかな？ぼくの歯、わたしの歯………………………………………36

決める力を使って、よくかんで食べよう！………………………………………45

スポーツドリンク Yes or No………………………………………………………54

「けっていしんごう」をつかおう！………………………………………………62

いやなことかな？うれしいことかな？……………………………………………67

Chapter 4　幼稚園・保育園での歯と口の学習

親子で学ぶ歯と口の健康……………………………………………………………74

絵本で行う歯と口の健康教育………………………………………………………81

Chapter 1

理論編

新学習指導要領の改訂ポイント 💿

　現代の社会は、情報化やグローバル化など急激な進化を続けています。そのような社会の変化の中で、学校教育では、子どもたちが「未来の創り手」となるために必要な知識や生きる力を確実に身に付け活用できるようになることが求められています。

　今回の学習指導要領の改訂では、「何ができるようになるか」「何を学ぶか」「どのように学ぶか」が大きなポイントとして示されています。

　「何ができるようになるか」は、①「新しい時代に必要となる資質・能力の育成をめざし、学びを人生や社会に生かそうとする学びに向かう力・人間性の涵養」、②「生きて働く知識・技能の習得」、③「未知の状況にも対応できる思考力・判断力・表現力等の育成」の3つの柱として示されています。

　「何を学ぶか」は、「新しい時代に必要となる資質・能力を踏まえた教科・科目等の新設や目標・内容の見直し」とされ、学習内容の削減は行わずに、各教科で育む資質・能力を明確化していくとしています。

　「どのように学ぶか」では、「主体的・対話的で深い学びの視点からの学習過程の改善」が挙げられており、歯と口の健康教育においても重要なポイントとなります。

新学習指導要領とライフスキル 💿

ライフスキルの視点から　〜何ができるようになるか〜

　新学習指導要領では、「何ができるようになるか」について、
　○　学びを人生や社会に生かそうとする学びに向かう力・人間性の涵養
　○　生きて働く知識・技能の習得
　○　未知の状況にも対応できる思考力・判断力・表現力等の育成
の3点が示されています。

　私たちは、セルフエスティームを柱とするライフスキル（生きる力）を、新学習指導要領に示されている「学びを人生や社会に生かそうとする学びに向かう力」だと考えています。

　「歯みがきの仕方は知っていてもつい、いい加減にみがいてしまう…」「歯によくないと知っていても、だらだらとテレビを見ながらおやつを食べてしまう…」。子どもたちにとって、歯と口に関する知識を身に付けることは必要不可欠です。しかし、わかったこと、

学んだことを日々の生活に生かすための力がなければ、学んだ知識を生活の中では生かせません。

「歯みがきがいい加減になってしまうのはなぜだろう？」「いい加減になる原因を解決するためにはどんなことができるのだろう？」「その解決方法を実際に実行したら、どんなメリット・デメリットがあるのかな？」「自分はこの方法でやってみよう！」「じゃあ、実際に実行してみよう！」。ライフスキル教育では、このようなプロセスで学びを深めていきます。子どもたちが学んだ知識を生かして行動につなげるのがライフスキルなのです。

さらに、ライフスキルは単なる「スキル」ではなく「学びを人生や社会に生かそうとする学びに向かう力」です。学んだライフスキルは、学んだ時の課題を解決するだけではなく、新たな課題に出合った時にも同様のプロセスで活用することができます。「歯みがきがいい加減にならないための解決方法」を考えた学習の過程は、将来の進路選択など様々な場面での意志決定に役立つ力となります。つまり、「未知の課題にも対応できる思考力・判断力・表現力等の育成」にもつながっていくのです。

ライフスキルの視点から　〜どのように学ぶか〜

新学習指導要領では、「主体的・対話的で深い学びの視点からの学習過程の改善」が前面に打ち出されています。

ライフスキル教育は、子どもたちの「参加型学習」で学びを進めていきます。ブレインストーミングや、模造紙を使った話し合いのまとめやポスター作り、ロールプレイングなど、子どもたちは様々な課題について考え、話し合い、関わり合い、認め合う活動を繰り返します。時には意見をぶつけ合いながら、お互いの意見を尊重し合い、譲り合い、折り合いを付けてポスター等を仕上げたり、意見をまとめたりしていきます。

私たちは、ライフスキル教育の学習過程こそが「主体的・対話的で深い学び」につながる学習だと考えています。

ライフスキルの土台となるセルフエスティーム

セルフエスティームって？

子どもたちが、笑顔いっぱいで、前向きに、楽しく生きるための土台となるもの。それは、セルフエスティームです。セルフエスティームとは、「自分をまるごと受け止め、自分自身を大切に思えること」です。自分を大切にできる子どもは、周りの人たちともよりよい関係を築き、良好なコミュニケーションをとりながら、毎日を楽しんで生きることができます。

では、セルフエスティームをはぐくむために大切なことは何でしょうか…？　それは、「当たり前のことが当たり前にできるようになること」の中ではぐくまれるということです。朝起きたら「おはよう！」とあいさつをする。朝食を食べ、排便し、歯みがきをし、「行ってきます！」と言って登校する。この「当たり前の生活」の中ではぐくまれるのが「セルフエスティーム」だと私たちは考えます。周囲の大人や友だち、異年齢の仲間との生活の中で、関わり合い、認め合いながらはぐくまれていくもの。それがセルフエスティームです。様々な体験・経験を通して、「自分のことが好きだな」「自分にも何かできることがあるぞ」と思えることが、セルフエスティームの大きな柱になります。

　しかし、現代の子どもたちの中には、前述したようなセルフエスティームをはぐくむことが難しい環境にある子どもも多く存在することも事実です。

　そこで私たちは、意図的な教育活動を通してセルフエスティームをはぐくむ「ライフスキル教育」を実践してきました。

ライフスキル教育の大きな柱は「セルフエスティーム」

　ライフスキルは、前述した「セルフエスティーム」を大きな柱として、
- 　周囲とよりよく関わる力【対人関係スキル】
- 　嫌なことや辛いことを乗り越える力【ストレス対処スキル】
- 　目標をもってやりぬく力【目標設定スキル】
- 　よく考えて自分で決定する力【意志決定スキル】

などがあります。子どもたちが考え、話し合い、関わり合い、認め合いながら様々な活動をする中で、ライフスキルを高めていきます。

健康行動とセルフエスティームの関連

　健康教育において、なぜライフスキル教育が効果的であるのかを考えてみます。
　図1は、小学生女子の飲酒行動とセルフエスティームの関係を示したものです（出典：

川畑徹朗「小学校高学年を対象としたライフスキル形成を基礎とする飲酒、喫煙防止プログラムの開発」、2007年）。飲酒行動とセルフエスティームの得点について比較しました。その結果、飲酒者よりも、非飲酒者のほうがセルフエスティームの得点が高いという結果が得られました。

この結果から、健康行動とセルフエスティームには関連のある可能性が示唆されました。子どもたちを健康な行動に導くためには、セルフエスティームを高める学習が効果的です。

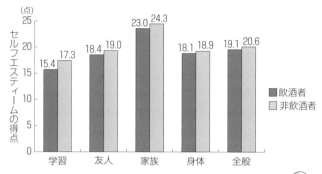

図1　飲酒行動とセルフエスティームとの関係（小学生女子）

学力・健康行動とセルフエスティームとの関連

健康行動とセルフエスティームには関連があることは前述のとおりです。では、学力と健康行動、学力とセルフエスティームの関連はどうでしょうか？

図2・3は、平成29年度の「全国学力・学習状況調査クロス集計表［児童質問紙―教科］」の結果をグラフにしたものです。

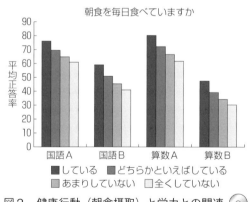
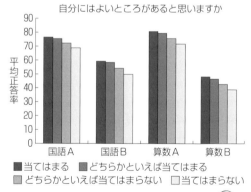

図2　健康行動（朝食摂取）と学力との関連　　図3　セルフエスティームと学力との関連

図2は、「朝食を毎日食べていますか」の回答と平均正答率をクロス集計した結果です。どの教科についても「朝食を毎日食べている」と答えたグループのほうが平均正答率は高いことがわかります。

図3は、「自分にはよいところがあると思いますか」の回答と平均正答率の関連を示したものです。「自分にはよいところがあると思いますか」という質問は、高いセルフエスティームを示す要素のひとつです。これも、「自分にはよいところがある」と思っているグループのほうが正答率は高いことがわかります。
　これらの結果から、学力と健康行動、学力とセルフエスティームには、それぞれ密接な関連があることが示唆されました。
　子どもたちを健康行動に導くためには、ライフスキル教育が効果的であることは前述しましたが、図4のように、「健康行動」「学力」「セルフエスティーム」は相互に関連しており、ライフスキル教育は子どもたちの健康行動のみならず、学力向上にも関連している可能性が示唆されました。

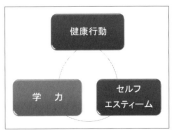

図4　健康行動・学力・セルフエスティーム

「歯と口の健康教育」を教材にしたライフスキル教育のメリット

　本書は、「歯と口」を教材として、子どもたちのライフスキルをはぐくむことをねらいとしています。それでは、「歯と口」を教材にするメリットはどこにあるのでしょうか？

生活習慣病予防の教材としての「歯と口の健康教育」

　日本は世界一の長寿国です。しかし、平均寿命と健康寿命の差が9～12年もあります。このため、健康寿命を延ばして介護を受けながら生きる期間を短くするためには、子どもの頃からの生活習慣を見直し、生活習慣病の予防につなげることが重要です。
　近年、日本人の生活様式や生活スタイルが変化し、生活習慣病が増加していることは周知の事実です。しかし、子どもたちにとって、生活習慣病は実態が見えにくく理解しにくいものです。
　一方、むし歯や歯肉炎は感染症ですが、同時に生活習慣病でもあります。鏡を使って歯や歯肉の変化を自分の目で観察できる歯や口は、子どもたちにとってとても身近な生活習慣病予防の教材となるのです。

Chapter 1　理論編

『「生きる力」をはぐくむ学校での歯・口の健康づくり』がめざすもの

　現在、社会の関心は学力向上にあります。一方では、子どもたちの体力の低下、食生活習慣の乱れ、外遊びの減少や運動不足などが問題とされています。また、いじめや不登校、ニートの増加など若者の生活意欲や勤労意欲の減衰など、生きる力が低下していることも指摘されています。

　そのような中で、平成23年に文部科学省『学校歯科保健参考資料「生きる力」をはぐくむ学校での歯・口の健康づくり』が改訂されました。その総説では、「歯・口の健康づくりを含む学校における健康教育の在り方が、国民の一生の健康づくりの方向や質を決定すると言え、それだけに学校における健康教育を一層重視する必要がある」と述べられています。つまり、保護者の手による「他律的な健康づくり」から「自律的な健康づくり」への転換期である学童期は、子どもたち一人一人の生涯にわたる健康づくりの基礎を培うためにとても大切な時期であると言えます。

「主体的・対話的で深い学び」に導く歯・口の健康教育

　前述のように、新学習指導要領では「主体的・対話的で深い学びの視点からの学習過程の改善」が打ち出されています。歯と口の健康教育は、生活習慣病予防の教材としてだけではなく、子どもたちの思考力・判断力の形成に大いに役立ちます。学習の過程での子どもたちの気づきや学びは、まさに「主体的・対話的で深い学び」につながっていくのです。

　歯と口の健康教育は、以下の点で優れた教材だと言うことができます。

> （1）　共通性の高い教材となる
> （2）　自分の目で観察しやすい
> （3）　思考力・判断力の形成に役立つ
> （4）　問題解決法を考え、判断しやすい
> （5）　実行しやすく評価しやすい
> （6）　豊かな感性を培う
> （7）　全身の健康を考える切り口になる

（1）共通性の高い教材となる

　むし歯も歯肉の病気も、多くの子どもたちや家族が経験しています。このことから、子どもたちにとってはもちろん、家族にも理解しやすく、家族の中での共通の話題となり、親子で取り組むことができる教材となります。

（2）自分の目で観察しやすい

　口の中は鏡を使えば自分で観察することができます。歯垢は赤く染め出すことができ、歯肉が健康か否かも自分の目で確認することができます。

7

（3）思考力・判断力の形成に役立つ

　例えば、歯肉炎を起こしている歯と健康な歯を染め出します。子どもたちは、歯肉炎を起こしている歯に歯垢が多くついていることに気づくことができます。そこで歯肉炎の「原因」が歯垢であることの理解につながっていきます。

　歯と口の健康教育は、子どもたち自身の歯と口を教材として学習を進めることによって、「原因」と「結果」の関連が明確になり、子どもたちの思考力・判断力の形成につながる効果的な教材と言えます。

（4）問題解決法を考え、判断しやすい

　歯みがきは、誰もが毎日行うものです。この毎日行っている身近な歯みがきを教材として歯みがきの課題を明確にすることで、子どもたちが自ら解決方法を工夫することができます。

　例えば、みがき残しの多い箇所を染め出して確認します。なぜその部分にみがき残しが多いのか、問題点を強調することで、どうしたらきれいにみがくことができるかを工夫して解決することができます。

（5）実行しやすく評価しやすい

　歯みがきは、子どもたちにとって日常的なものです。実行できたか・できなかったかが評価しやすく、自らの行動の結果が歯と口の健康課題（例えば歯肉炎など）の改善につながれば、子どもたちのセルフエスティームが向上することにもつながります。

（6）豊かな感性を培う

　話をしたり微笑んだりすると、口の中は他人から見えるものです。そんなとき、前歯がむし歯で黒ずんでいたり、歯が抜けたままになっていたりしたらどうでしょう？

　また、歯みがきをすることが気持ちよかったり口臭の防止になることも、子どもたちの豊かな感性を培うことにつながります。

（7）全身の健康を考える切り口になる

　歯周病と喫煙や全身の健康、咀嚼と肥満の関係など、歯と口の健康と全身の健康との関連が明らかになっています。特に、喫煙の問題は、将来の生活習慣病への影響（肺がん、心筋梗塞、胃潰瘍など）について考える手がかりにもなります。

「歯と口の健康教育」を定着させるためのヒント

　ライフスキルを育む「歯と口の健康教育」を、より効果的に定着させるための一つに、「メタ認知」を育てることが挙げられます。

　「メタ認知」とは、頭の中で働くもう一人の自分といわれ、「何かを行ったり考えたりしている自分を、客観的に見る力」です。子どもたちが課題に出合ったときに、「メタ認知」

が育っていないと「できない」「わからない」とそこで立ち止まってしまいます。しかし、「メタ認知」が育っていれば、「何か方法はないかな？」「この前のときはどうしたかな？」「誰かに聞いてみたらどうかな？」というような「頭の中のもう一人の自分」が語りかけてくることで、あきらめることなく課題解決に取り組むことができるようになります。

　もちろん、「頭の中のもう一人の自分」が何も語りかけてこない子どもたちもいます。その際には「頭の中のもう一人の自分」に代わって教師がアドバイスすることも大切な支援です。そして、その支援の内容が一方的な説明ではなく、「次にするときにはどうすればよいか」を考えさせると、そのような場面になったときにメタ認知が働き、もう一人の自分が語りかけてくれることが期待できます。

　また、「メタ認知」を育てるために効果的なことは、「振り返り」だと言われています。視点を示しながら繰り返し「振り返り」を行うことで、「〜がわかった」「〜ができた」という段階から、次第に「〜もできるかな？」「〜にもチャレンジしてみたい」というような、特定の課題を一般化しようとする振り返りができるようになります。この「振り返り」は、新学習指導要領でも大切にされています。

Chapter 2

プチ実践 編

短い時間ですぐ実践！

みんな笑顔に！プチ実践集

ここでは、「歯と口」から少し離れて、子どもたちの「学びの力」を高める活動を紹介します。

アイスブレイク

まずは、「アイスブレイク」で活用できるゲームを紹介します。

アイスブレイクとは、健康教育に限らず、様々な活動の前に実施する活動のことで、コミュニケーションの潤滑油となります。特に、学年はじめや学級開き、異学年でグループを作成する際など、子どもたちが緊張しているような場面で活用すると緊張がほぐれ、次の活動のウォーミングアップにもなります。また、活動の際の「グループ作り」にも応用できます。

子どもたちは、お互いに関わるなかで、考えたり、我慢したり、譲り合ったり、助け合ったりして、人との関わり方、自分の意見を伝えること、相手の考えを聞くこと、課題を解決すること、自分の気持ちをコントロールすることなど、たくさんのことを学びます。この学びを通してお互いのよさに気づき、お互いを大切にする気持ちが芽生えていきます。

> 【主体的・対話的で深い学びにつなげるヒント】
> ここで紹介しているゲームは、活動に向かう雰囲気づくりやグループ作りをねらいとしています。先生がリーダーとなって子どもたちに指示をして活動させるのではなく、子どもたち同士の関わり合いや助け合いを見守る気持ちでゲームをすることがポイントです。もちろん、グループに入れない子や困っている子への配慮は必要ですが、その際も、周囲の子どもたちの手で支援できるよう、さりげない手助けを心がけましょう。その配慮によって、これらのゲームを通して、子どもたちが学び取ることがどんどん多くなっていきます。

カードあわせゲーム

1　準備物
〇人数分のカード
・作りたいグループ数のカードを、それぞれ人数分に切って準備します。例えば、5人グ

ループを6グループ作りたいときには、6枚のカードをそれぞれ5つに切り分けておきます。
・カードは、イラスト、広告、新聞等でも応用可能です。
・食品カードなら、栄養素ごとのカードを人数分用意します。

Ⅱ　活　動
○カードを1枚ずつ配ります。
・少人数なら、準備したカードを紙袋等に入れて、1枚ずつ取らせます。
・多人数の場合は、床に置くなどして危険のないように取らせます。
・異学年を混合させる場合には、あらかじめ1枚のカードを低学年と高学年に分けて準備しておきます。
○自分と同じカードの切れ端を持っている人を探し、グループになります。

シールあわせゲーム

Ⅰ　準備物
○グループの人数×グループ数分のシール
・例えば、5人グループを6グループ作りたい場合には、6種類のシールを5枚ずつ用意します。

Ⅱ　活　動
○子どもたちの背中にシールを1枚ずつ貼ります。
・子どもたちに目を閉じさせ、背中に1枚ずつシールを貼ります。
・カード合わせと違い、教師が意図的にグループを作りたいときにも活用できます。
○言葉を発することなく、同じシールの友だちを探してグループになります。
・言葉を使うと簡単にグループができてしまうので、

言葉を使わずに身振り手振りで仲間を探します。
・自分の背中のシールは見えないので、自然に助け合いながら活動することができます。

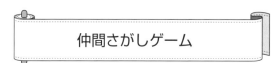
仲間さがしゲーム

Ⅰ　準備物
○人数分の用紙（縦横5cm程度、付箋等でも可）
・文字が書ける大きさならどんな用紙でも活用できます。

Ⅱ　活動
○テーマを聞いて思い浮かんだものを用紙に記入します。
・子どもたちに「テーマ」を与えます。テーマは次に続く学習内容に沿ったものが望ましいですが、「夏」「学校」など何でも可能です。
○子どもたちに「夏と言えば？」「学校と言えば？」など、テーマについて思いつくものを用紙に１つ書かせます。
○同じ言葉、または似たような言葉を書いた友だちを探してグループになります。
・１グループの人数を指定し、仲間を探すよう指示します。
・小学校低学年には少し高度です。
・書いた言葉がうまく合わず、グループができないときには、うまく「意味づけて」グループができるよう支援します。

水族館に行こうゲーム

Ⅰ　準備物
○水族館にいる生き物のイラスト（Ａ３サイズ）と、水族館には絶対にいない生き物、あるいはないもの（例えば、だいこん・パンダ・リンゴなど）のイラスト、合計10枚程度

Ⅱ　活動
○リズムに乗って、全員で声をかけあいます。
　「水族館に行こう」（教師）→「水族館に行こう」（全員）×２回→「何を見る？」（教師）→「何を見る？」（全員）×２回→イラストを示す
○イラストで指定された生き物の名前の文字数と同じ人数でグループを作ります。
・例えば「イルカ」なら３人、「ジンベイザメ」なら６人のグループを作ります。

Chapter 2　プチ実践編

・水族館にいる生き物の合間に、絶対にいない生き物、ないものも示します。この時は「素早くすわる」と、あらかじめ約束しておきます。
・最後は、次の活動に必要な人数になる文字数の生き物を指定して、グループを作らせます。
○「水族館」だけではなく、「動物園」や「八百屋さん」など、発達段階や子どもたちの興味によってテーマを変えることができます。

メインゲーム

　続いてメインのゲームです。子どもたち同士が楽しみながら関わり合い、助け合うことがねらいです。しかし、子どもたち同士の関わり合いで起こる相互作用を期待するためには、指導者である私たちが、子どもたちに「この活動を通して学んでほしいこと」を、常に頭に置いておくことがポイントになります。

【主体的・対話的で深い学びにつなげるヒント】
　子どもたちと活動する際、「楽しむため」に必要な大前提があります。それは「ルールを守ること」です。例えば、
○困っている友だちがいたら、自分ができそうなことを考えて応援する
○嫌な気持ちになる言葉や行動はとらない
○マイナス思考よりプラス思考
など、毎日の生活でも必要な約束をもう一度確認するとよいと思います。

助け合って、なかよく、楽しく！
　コミュニケーションをとり、人間関係を深めるためのゲームです！

風船運び

【子どもたちの活動ポイント】
・ペアの作り方
・ゲームをする順番
・風船運びの工夫

Ⅰ　準備物
○風船、新聞紙、コーン…それぞれグループ数

Ⅱ　活　動
○グループの中で2人組を作ります。
・グループ内の人数が奇数の場合には、誰かが2回参加するように調整します。

15

・各グループのペアの数が同じになるよう確認しておきます。
○初めのペアが新聞紙を広げて持ち、風船を載せます。「ヨーイ、ドン！」の合図でスタートして、風船を載せたまま走ります。コーンを回って戻り、次のペアにバトンタッチします。
・新聞紙と風船をバトン代わりに、リレー形式で行います。
・風船を手で押さえたり、新聞紙で包んだりしないようにします。
・最後のペアが一番早くゴールしたグループが勝ちです。

もっとながーく！

【子どもたちの活動ポイント】
・新聞紙をちぎる順番
・新聞紙のちぎり方

Ⅰ　準備物
○新聞紙…グループ数

Ⅱ　活動
○各グループで輪になって座り、新聞紙をちぎる順番を決めます。
○「ヨーイ、ドン！」の合図で、新聞紙をできるだけ細く長くちぎり始めます。
・一人20秒ちぎります。20秒ごとにホイッスル等で合図します。
・途中で切れてしまったら、そこからもう一度ちぎり始めます。最終的に一番長くちぎれたもので判定します。
○全員がちぎったらゲーム終了です。部屋の端にちぎった新聞紙を持っていき、各グループで伸ばします。一番長くちぎれたチームが勝ちです。

息をあわせて！

【子どもたちの活動ポイント】
・ペアの作り方
・「走り手」と「置き手」の決め方
・フラフープの運び方の工夫

Ⅰ　準備物
○フラフープ…グループ数×2、コーン…グループ数

Chapter 2 プチ実践編

Ⅱ 活動
○グループ内で2人組を作ります。
・グループ内の人数が奇数の場合には、誰かが2回参加するように調整します。
・各グループのペアの数が同じになるよう確認しておきます。
○各ペアで「走り手」と「置き手」を決めます。
・フラフープをスタートラインに並べ、走り手が中に入ります。置き手がもう一つのフラフープを持ち、準備完了です。

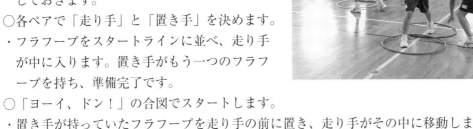

○「ヨーイ、ドン！」の合図でスタートします。
・置き手が持っていたフラフープを走り手の前に置き、走り手がその中に移動します。置き手は空になったフラフープを急いで取り、走り手の前に置きます。走り手はさらに移動します。これを繰り返しながら、コーンを回ってきます。
○スタートラインに戻ったら、次のペアがスタートします。
○最後のペアが一番早くゴールしたチームが勝ちです。

いくつかな？

【子どもたちの活動ポイント】
・走る順番の決め方
・計算の仕方の工夫

Ⅰ 準備物
○数字を書いたカード…人数分、画用紙、サインペン…グループ数、計算機（数個）
・数字は1ケタから4ケタ程度で、足し算しやすい数字にすると難易度が下がります。参加する子どもたちの学年に合わせて調整します。
・数字カードは薄い紙を使うと透けてしまうので、気をつけて準備します。

Ⅱ 活動
○グループ内で走る順番を決めます。
・子どもたちが順番を決めている間に、数字カードを裏返しに並べておきます。
○「ヨーイ、ドン！」の合図でスタートし、数字カードを1枚、裏返しのまま拾って戻ってきます。
・次の子にバトンタッチして、全員が数字カードを1枚ずつ拾ってきます。
・数字カードは、全員がゴールするまで見ないように指示しておきます。
○全員がゴールしたら全ての数字を足し算して、合

17

計を画用紙に書きます。
・計算は、全員が協力して「暗算」で行わせます。計算ができたら画用紙に数字を記入しますが、この時、早かった順に順位をつけておきます。
○すべてのグループが合計値を書き終えたら、教師が計算機で検算します。
○計算のスピードと検算の結果で順位を決めますが、すべてのグループを賞賛します。

ほめてほめられて、よい気持ち！

　活動の中で、ほめたり・ほめられたり、認めたり・認められたりすることで、セルフエスティームを高めるための活動です！

【主体的・対話的で深い学びにつなげるヒント】
　子どもたちの自己肯定感を高める第一歩は、ありのままの自分を受けいれることです。子どもたちは、自分のよくないところ、できないところばかりを見てしまいますが、誰にでも「よいところ」はたくさんあるはずです。
　その「よいところ」に目を向ける活動をたくさん体験することで、自分の周囲の人たちの「よいところ」も自然に見えるようになっていきます。

みんなのキラキラをみつけよう！

Ⅰ　準備物
○活動シート

Ⅱ　活　動
○活動シートに書いてある項目にあてはまる友だちを探します。
・ペアになり、活動シートの項目からひとつだけ友だちに質問して、あてはまったらサインをもらいます。

Chapter 2　プチ実践編

・お互いに質問してサインをもらったら、新しいペアで同じように活動します。

・全員がすべての項目にサインがもらえるよう、配慮しながら見守ります。

○活動シートの「じぶんのこと」に記入し、グループ内で紹介します。

・友だちにサインをしてあげたり、してもらったりしたことで、子どもたちはとても気分がよくなっているはずです。その気持ちのまま、「じぶんのこと」を考えます。

・記入が終わったら４人程度のグループになり、記入した内容をお互いに紹介し合います。

活動シート

みんなのキラキラをみつけよう！

（　　）ねん　名まえ_____

☆　文をよんで、あてはまるおともだちをさがして、名まえをかいてもらいましょう。

| えをかくのがじょうずです。 | ていねいに字をかきます。 |

| なわとびがじょうずです。 | かかりのしごとを きちんとしています。 |

| おともだちとなかよくしています。 |

☆　こんどは、「じぶんのこと」をかんがえてみましょう！

| すきなたべものは？ | とくいなことは？ |

| すきなあそびは？ | じょうずになりたいことは？ |

| とってもうれしいとおもったことは？ | 大きくなったら、なにになりたい？ |

| たからものは？ |

（参考）日本学校保健会『喫煙、飲酒、薬物乱用防止指導参考資料（小学校編）』、2010年

ぼくのキラキラ、わたしのキラキラ

I 準備物
○活動シート 、キラキラカード（花びらカード）、のり

II 活動
○8人程度のグループを作ります。
○友だちのよいところをカードに記入します。
・グループの友だち一人一人について、「すごいな」「がんばっているな」「えらいな」「ステキだな」と思うところをひとつ見つけて、カードに記入します。
・子どもたちは「よいところ」と言われても、なかなか見つけられない場合があります。「よいところ」の視点や具体的な場面を黒板に示すと活動がスムーズです。
・メッセージを送る友だちの名前と、自分のサインを記入させます（図）。

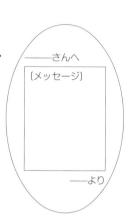

○記入したメッセージを送ります。
・活動シートに自分の名前を記入し、机上に置きます。
・教室内を歩きながら、カードを活動シートに置きます。
・グループ全員からカードをもらったことを確認し、活動シートに貼ります。
・カードを書いたときの気持ちと、メッセージをもらったときの気持ちを記入します。
○活動が終わったら、「活動のふりかえり」に、メッセージをもらったり贈ったりした感想を記入します。
＊クラスやグループの人数に合わせて、花びらの枚数を変えましょう。

活動シート 🔘 CD

ぼくのキラキラ、わたしのキラキラ

なまえ
_____

活動のふりかえり

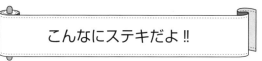
こんなにステキだよ!!

Ⅰ 準備物
特になし

Ⅱ 活動
○グループになり、お互いのよいところを伝え合います。
・3人一組でグループをつくります。
・グループ内で「聞く人」を1人決め、残りの2人は「話す人」になります。
・「話す人」は「聞く人」の「いいな」「すごいな」「えらいな」と思うところをひとつずつ話します。
・「聞く人」は、否定せずにうなずきながら「ホント！　ありがとう！」と言いながら聞きます。
・順番に役割を交替して活動します。
○「よくないところ」を励ます活動をします。
・1人が「話す人」となり、「自分のいやなところ」をひとつ話します。
・残りの2人は「聞く人」となり、「そんなことないよ！　○○さんは、△△なところがいいよ！」と、よいところを付け加えて励まします。

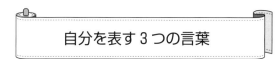
自分を表す3つの言葉

Ⅰ 準備物
○活動シート（特に用意せず、自由帳などを利用してもよい）

Ⅱ 活動
○活動シートに、自分を表す言葉を3つ記入します。
・初めに教師が自分を表す3つの言葉を紹介するとわかりやすいです。例えば「笑顔」「ケーキ」「犬」など…。
○3つの言葉を使って、自分を紹介します。
・例えば「私はいつも笑顔でいることが大好きです。特に、大好物のケーキがおやつのときと、かわいい犬と遊ぶときは、とびきりの笑顔になります」

ぼくの、わたしの未来予想図

I　準備物
○活動シート　(CD)、付箋

II　活　動
○活動シートに、自分の未来予想図を書き入れます。

・10年後から50年後まで、それぞれの年代を予想しながら書けるように支援します。

○グループ内で、お互いの未来予想図を紹介し合います。

・一人一人の未来予想図の紹介を聞いて、「素敵だな！」「すごいな！」「いいな！」と思ったことを付箋に書いて、お互いにプレゼントします。

Chapter 2　プチ実践編

活動シート

ぼくの、わたしの未来予想図

名前（　　　　　　　　　　　　　　）

10 年後 （　　　　　）歳	
30 年後 （　　　　　）歳	
50 年後 （　　　　　）歳	

むし歯にならないために自分ができること

> セルフエスティーム
> 意志決定

「ちゃんとみがきなさい！ むし歯になっちゃうよ！」と言われると、歯みがきがとても面倒なものに感じてしまいます。「歯みがきは大事だってわかっているけど、できない」と、自分が嫌になってしまうかもしれません。
　ここでは、「歯みがきは自分の歯のために大切なもの」と実感し、「自分のためにやってみよう」と思うための第一歩を紹介します。

 学習のねらい

○むし歯の原因を知る。
○むし歯にならないための方法から、自分がすぐに取り組めるものを選んで実践する。

どうしてむし歯になるのかな？

むし歯にならないために、
自分ができることはどんなことかな？

むし歯の原因は、歯の質とむし歯菌と、糖分と時間が関係していることがわかりました。

わたしは、歯みがきをていねいにして、
むし歯菌を少なくして、
むし歯にならないようにしようと思います。

わたしは、
寝る前に甘いものを食べないようにして、
むし歯を防ごうと思います。

26

Chapter 2 プチ実践編

 学習のステップ

	学習のステップ	準備物
導　入	【ステップ1】 ・学習課題を知る。	掲示資料 CD 「むし歯にならないために自分ができること」
展　開	【ステップ2】 ・むし歯の原因を知る。 　歯の質 　顔や背の高さが違うように、むし歯のなりやすさも人それぞれ違う。特に生え始めの歯は弱いため、むし歯になりやすい。 　むし歯菌（細菌） 　むし歯の原因となる細菌は、糖分（糖質）をえさにして、ウンチ（酸）を出して歯を溶かす。 　糖分（糖質） 　甘いおやつやジュース、スポーツドリンクなどに入っている糖分は、むし歯菌のえさになる。 　時間の経過 　歯にむし歯菌がついたままにしておくと、むし歯菌が増えて、歯の表面がヌルヌルしてくる。 ・この4つがそろった時にむし歯になるが、ひとつでも欠けるとむし歯にはなりにくいことを確認する。 ・4つの輪はそれぞれ、なくすことはできないが、輪を小さくすることで、むし歯になりにくくできることを知らせる。 【ステップ3】 ・歯の質、むし歯菌、糖質、時間の経過の中から、自分にとって一番大切だと思うものをひとつ選ぶ。 ・活動シートに、自分にとって一番大切だと思うものについて、自分がやってみようと思うことをひとつ選ぶ。	掲示資料 CD 「むし歯の原因」 （歯の質・細菌・糖質・時間の経過の4つの輪が重なる図、中央に「むし歯」） 活動シート CD 「むし歯にならないために自分ができること」
まとめ	【ステップ4】 ・ペアになって、自分が選んだものを紹介する。その際に、その方法を選んだ理由も一緒に紹介する。 ・今日から1週間、自分が決めたことを実践し、活動が終わったら振り返ることを確認する。	活動シート CD 「むし歯にならないために自分ができること」

活動シート ⓒ

むし歯にならないために自分ができること

（　　　）年　　名前（　　　　　　　　　　　）

☆4つのうち、自分がなおしたいと思うのはどれですか？　ひとつに〇をつけましょう。

歯の質	むし歯菌（細菌）	糖分（糖質）	時間の経過

☆上でえらんだ項目の中から、自分ができるものをひとつえらんで〇をつけましょう。

歯の質	糖分（糖質）
栄養のバランスを考えて食べる	クッキーやチョコレートを減らす
フッ素が入った歯みがき剤を使う	おやつを食べたらうがいをする
歯医者さんでフッ素をぬる	ジュースをお茶に変える

むし歯菌（細菌）	時間の経過
順番を決めてていねいにみがく	ごはんを食べたらすぐにみがく
歯医者さんに定期検診に行く	時間を決めておやつを食べる
1本ずつていねいにみがく	テーブルに歯ブラシを置いておく
歯医者さんでみがき方を習う	寝る前に甘いものを食べない

☆今日から1週間、決めたことにチャレンジ!!

　◎…とてもよくできた　　〇…できた　　△…もうすこしがんばりたい

月　　日	月　　日	月　　日	月　　日	月　　日	月　　日	月　　日
曜日	曜日	曜日	曜日	曜日	曜日	曜日

Chapter 2 プチ実践編

わたしの「歯ぐき」元気かな？
元気になったかな？

> **セルフエスティーム**
> **意志決定**

歯肉炎の原因となる歯垢は、染め出すことで観察できます。歯肉炎も自分で確認できることから、子どもたちは自分の歯と口を教材にして、歯肉炎の原因が歯垢であることに気づくことができます。
　また、歯みがきを丁寧に行うことで歯肉炎を自分の力で改善した体験は、子どもたちのセルフエスティームを高めることにつながります。
　ここでは、歯肉炎を教材として子どもたちの思考力・判断力の形成を促す実践をご紹介します。

 学習のねらい

○歯肉炎の原因と、健康な歯肉の状態を知る。
○歯みがきを丁寧に行うことで歯肉炎の改善につながることを体験し、実感することができる。

「歯肉炎」って、どんな状態をいうのかな？

歯肉炎には、どうしてなるんだろう？

歯肉炎をなおすためには、どうしたらよいのかな？

歯ぐきが赤く膨らんでいるのは歯肉炎だということを知りました。

歯垢がついているところと、歯肉炎になっているところが同じだったので、歯肉炎の原因は歯垢であることがわかりました。

歯と歯ぐきの境目をきれいにみがくと、歯肉炎がよくなることがわかりました。

29

学習のステップ

Part 1 「わたしの『歯ぐき』元気かな？」

	学習のステップ	準備物
導　入	【ステップ１】 ・学習課題を知る。	掲示資料 CD 「わたしの『歯ぐき』元気かな？」
展　開	【ステップ２】 ・健康な歯肉と、歯肉炎になった歯肉を知る。 ・歯肉炎になった歯肉の特徴を確認する。 【ステップ３】 ・鏡を使って、自分の歯肉の状態を確認する。 ・歯肉炎の写真を参考にしながら、赤くなっていたり、腫れていたり、丸みを帯びている個所を確認し、歯肉炎だと思うところを活動シートにチェックする。 【ステップ４】 ・染め出し液で前歯を染め出し、赤く染まった部分に対応する活動シートに色を塗る。 【ステップ５】 ・歯肉炎の観察と歯垢染め出しの結果から、歯肉炎になっているところはどんなところか、活動シートに記入し、発表する。	掲示資料 CD 健康な歯肉と歯肉炎になった歯肉の写真 手鏡 活動シート CD 「わたしの『歯ぐき』元気かな？」 手鏡 活動シート CD 「わたしの『歯ぐき』元気かな？」 活動シート CD 「わたしの『歯ぐき』元気かな？」
まとめ	【ステップ６】 ・歯肉炎の原因は歯垢なのかどうか、歯垢を取り除いて確認することを伝え、「歯みがきたつじんの『わざ』」を使って１週間取り組むことを確認する。	掲示資料 CD 「歯みがきたつじんの『わざ』」

Chapter 2　プチ実践編

Part 2　「わたしの『歯ぐき』元気になったかな？」

	学習のステップ	準備物
導　入	【ステップ1】 ・学習課題を知る。	掲示資料 CD 「わたしの『歯ぐき』元気になったかな？」
展　開	【ステップ2】 ・Part1の復習として、歯肉炎になった歯肉の特徴を確認する。 【ステップ3】 ・鏡を使って、自分の歯肉の状態を確認する。 ・歯肉炎の写真を参考にしながら、赤くなっていたり、腫れていたり、丸みを帯びている個所を確認する。 【ステップ4】 ・染め出し液で前歯を染め出し、赤く染まった部分に対応する活動シートに色を塗る。 【ステップ5】 ・1週間前の活動シートと比較して、「歯肉炎」や「赤く染まった歯垢」がどのように変化したかを活動シートに記入し、発表する。	掲示資料 CD 健康な歯肉と歯肉炎になった歯肉の写真 手鏡 活動シート CD 「わたしの『歯ぐき』元気になったかな？」 手鏡 活動シート CD 「わたしの『歯ぐき』元気になったかな？」 活動シート CD 「わたしの『歯ぐき』元気になったかな？」
まとめ	【ステップ6】 ・丁寧に歯みがきをしたことで歯肉炎が改善したことを確認し、活動シートに自分のめあてを記入して取り組むよう話す。	活動シート CD 「わたしの『歯ぐき』元気になったかな？」

活動シート

わたしの「歯ぐき」元気かな？

（　　　）年　名前（　　　　　　　　　　　）

1　自分の歯ぐきを確認してみましょう。
　　赤くなっていたり、ふくらんでいたり、丸くなっているところの□に○をつけましょう。

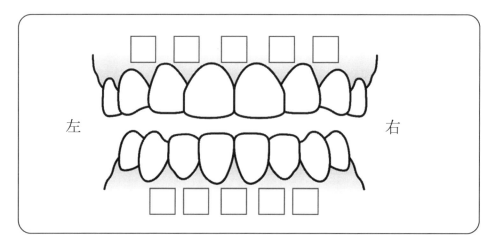

2　前歯をそめ出して、赤くそまったところに色をぬりましょう。

3　上の図を見て、自分の歯の汚れと歯ぐきの様子から、気づいたことを書きましょう。

4　今日から1週間、歯みがきたつじんの「わざ」を使って、歯みがきにチャレンジ!!

◎…とてもよくできた　　○…できた　　△…もうすこしがんばりたい

月　日	月　日	月　日	月　日	月　日	月　日	月　日
曜日	曜日	曜日	曜日	曜日	曜日	曜日

活動シート

わたしの「歯ぐき」元気になったかな？

（　　）年　　名前（　　　　　　　　　　）

1　自分の歯ぐきをもう一度確認してみましょう。
　　赤くなっていたり、ふくらんでいたり、丸くなっているところの□に〇をつけましょう。

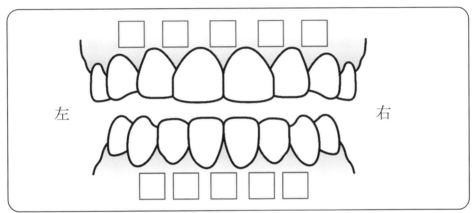

2　前歯をそめ出して、赤くそまったところに色をぬりましょう。

3　前回の活動シートとくらべて、気づいたことを書きましょう。

4　今日から1週間、自分で歯みがきのめあてを決めてチャレンジ!!

歯みがきのめあては

　　　　　　　　　　　　　　　　　　　　　　　　　　　　　　　　　　　　です。

◎…とてもよくできた　　〇…できた　　△…もうすこしがんばりたい

月　日	月　日	月　日	月　日	月　日	月　日	月　日
曜日	曜日	曜日	曜日	曜日	曜日	曜日

スマイルハッピー歯みがき大作戦！

セルフエスティーム

　一日の始まりが「笑顔」と「前向きな気持ち」でスタートできると、その日は一日気持ちよく過ごせるものです。朝は、大人も子どもも慌ただしいものですが、歯みがきをする子どもたちに、家族から笑顔で声をかけてもらったら、きっとその子は一日を笑顔でスタートできるはずです。
　ここでは、家族のみんなで笑顔になる取り組みを紹介します。

 学習のねらい

○毎朝の歯みがきの時間に、笑顔で「上手に歯みがきできたね！」などと声をかけることで、子どもたちの自己肯定感を高める。

　右の絵を印刷して、洗面所の鏡に貼ります。
　家族みんなで、笑顔で声をかけ合ってみましょう！

Chapter 3

実践編

1時間から数時間まで！
じっくり実践！

みがけているかな？ぼくの歯、わたしの歯

低学年　中学年　高学年　中学生

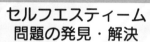
セルフエスティーム
問題の発見・解決

　新学習指導要領では、「どのように学ぶか」において「主体的・対話的で深い学びの視点からの学習過程の改善」がポイントとして挙げられています（理論編 p.2参照）。この過程とは、主体的・対話的な学びの過程を通して、問題発見・解決する学習です。つまり、試行錯誤を重ねて思考を深め解決する過程が重要となります。そのためには、自分の口の状態に合わせた「歯みがき」が素晴らしい教材となります。さらに、学齢期における乳歯から永久歯への生え変わりは、どの発達段階においても素晴らしい教材です。
　そこで、「歯みがき」を題材にした問題の発見・工夫・解決の過程を重視した学習を紹介します。

学習のねらい

○自分の歯で、みがけていなかった部分がどこかを見つける（発見）。
○みがけていなかった部分をどうしたらきれいにみがけるか考え、やってみる（工夫⇒解決）。

どんなところが
みがけていないのかな？

みがけていないところは、
どうやってみがいたら
きれいになるのかな？

きれいにみがけて
いなかったのは、
どうしてだろう？

↓

歯ブラシの毛先が
歯にきちんと当たるように
歯ブラシの向きを変えたりして、
きれいにしようと思いました。

歯ブラシの向きを変えるだけで、
汚れがきれいになりました。

みがけていなかったところは、
歯と歯肉の境目や
デコボコしているところだと
わかりました。

Chapter 3 実践編

 学習のステップ

今回は歯みがきを題材に問題の発見・工夫・解決のステップを入れて紹介します。

	学習のステップ	準備物
導入	【ステップ1】 学習課題を知る	掲示資料 CD 「みがけているかな？ぼくの歯、わたしの歯」
展開	【ステップ2…問題発見】 歯垢を染め出し、みがけていない部分を見つける （＊学年の到達目標に添って） 【ステップ3…課題の明確化】 ・みがき残しが多い部分を活動シートに記入する。 ・なぜみがき残したのかを考える。 　（課題を明確にするカードで思考を深めてもよい） 【ステップ4…問題解決のための工夫】 自分の歯の形や歯並びに合ったみがき方を工夫する 【ステップ5】 発見したみがき方を友だちに紹介する 【ステップ6…解決】 自分に合ったみがき方を試す	歯垢染め出し液、綿棒、コップ、牛乳パック、手鏡 板書カード CD 「歯のよごれは、おちているかな？」 活動シート CD 「みがけているかな？」 赤鉛筆 掲示資料 CD 「みがき残しやすい場所」 板書カード CD 「みがき残したワケ」 歯ブラシ、手鏡 板書カード CD 「きれいになったみがき方」 歯ブラシ、手鏡
まとめ	【ステップ7…実践・習慣化】 自分の歯みがきのめあてを決める	活動シート CD 「みがけているかな？」

学習の展開〔☆…子どもの活動、○…教師の動き、＊…解説〕

導入

【ステップ1】学習課題を知る

☆歯垢染め出し液で染め出し、自分のみがき方が効果的かどうかを確認します。

> みなさんは、給食が終わると毎日、歯をみがいていますね。
> ところで、歯みがきをした後の歯は、本当にきれいになっているでしょうか？　今日は、歯垢（生きた細菌のかたまり）を赤く染める液を使って、今のみがき方でどのくらいきれいになっているか、確認してみましょう。

展開

【ステップ2…問題発見】歯垢を染め出し、みがけていない部分を見つける（＊学年の到達目標に添って）

37

☆歯垢染め出し液がついた綿棒を使って、手鏡を見ながら歯を染めます。

＊染め出す歯は、文部科学省『「生きる力」をはぐくむ学校での歯・口の健康づくり』
　p.53「発達段階に即した歯みがき指導の重点（参考）」を参照し、児童生徒の実態に合
　わせて設定するとよい。

《参考》「発達段階に即した歯みがき指導の重点（参考）」をヒントに…

学　年		発達段階に即した歯みがき指導の重点（参考）	染め出し箇所
幼稚園		食後に自分から歯みがきしようとする ぶくぶくうがいができる	
小学校低学年	1年生	第一大臼歯をきれいにみがける	第一大臼歯
	2年生	上下前歯の外側がきれいにみがける	上下前歯の外側
小学校中学年	3年生	上下前歯の内側をきれいにみがける	上下前歯の内側
	4年生	歯ブラシの部位を理解し、効果的に使える 犬歯、小臼歯をきれいにみがける	犬歯、小臼歯
小学校高学年	5年生	むし歯や歯肉炎を理解し、自らの意思で継続してみがける	全体
	6年生	第二大臼歯をきれいにみがける フッ化物配合歯磨剤やフロスなどの用具を知る	
中学校 高等学校 中等教育学校		自分の歯並びや癖を知り、みがき残しなくみがける フロスなどの用具を工夫して使用できる フッ化物配合歯磨剤の機能を知り、実践に活かす 生活習慣とむし歯や歯肉炎の関係を理解し、予防のための生活改善ができる 口臭について理解し、予防できる	
特別支援学校		上記の指導の重点と発育・発達状況を参考に個々の状態に合わせて設定する	実態に合わせて

【ステップ３…課題の明確化】みがき残しが多い部分を活動シートに記入する
⇒なぜみがき残したのかを考える

☆染め出した歯を手鏡でよく観察し、赤く染まった部分を活動シートに記入します。

○教師は、濃く染まった部分、薄く染まった部分の例を資料で示し、活動シートの記入に
　ついてアドバイスします。

> 　自分の歯を鏡で見てみましょう。赤く染まった部分はありましたか？　とても濃く真
> っ赤になった部分、少しだけ染まった部分があったら、活動シートに塗りましょう。
> 　濃く染まっている部分はどんなところなのか、よく観察してください。また、どうし
> てその部分がきれいにみがけなかったのか、理由も書いておきましょう。

＊活動シートは学年や発達段階に応じたシートを活用する。

＊発達段階に応じて、歯鏡を活用させるとより効果的である。使用の際には安全に十分注
　意し、使用上の注意点を理解させてから使用する。

☆染め出しの結果、どの歯のどの部分が赤く染まったのかを発表します。

○教師は、子どもたちの発表に合わせて掲示資料を提示し、みがき残しが多い部分を確認
　します。

☆掲示資料を参考にしながら、活動シートに「なぜみがき残したのか」「どうしてきれい
　にみがけなかったのか」を考えて記入します。

【主体的・対話的で深い学びにつなげるヒント】

　ステップ3のポイントは、子どもたちが自分の歯みがきの課題を発見することです。発達段階によって「気づき」も違ってきますが、「どの歯の、どんな部分が、どうなっているからみがけていない」ということを子どもたちの言葉で表現し、<u>課題を明確にしていきます。</u>

　「みがき残しが多いのは、歯ブラシがきちんと当たっていないのではないか？」「もしかしたら、歯ブラシの使い方が間違っているのではないか？」このステップでの「気づき」が、課題の解決のための思考につながっていきます。

　以上の学びが「深い学び」につながりにくい場合は、「なぜみがき残したのか」を考える教材を活用することが効果的です。下記のように歯の形や並び方を理解することで、みがき残した理由、工夫するポイントが明確になり、深い学びにつながっていきます。

板書カード　「みがき残したワケ」

1）歯と歯の間

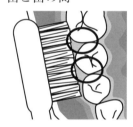

2）歯と歯肉の境目

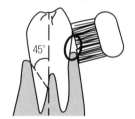

3）背が低い歯

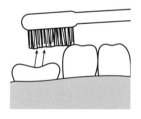

4）デコボコしているところ

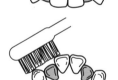

【主体的・対話的で深い学びにつなげるヒント】

　このステップは、問題発見・解決する学習のなかで、問題を発見して解決するための工夫を助けるステップです。つまり、なぜみがき残したのかを考えること、「課題を明確化」することにより、子どもたちが試行錯誤を重ねて、思考を深め解決する過程を大切にしています。

　学齢期は、乳歯から永久歯への生え変わり、一生の中で口の状態がダイナミックに変化する時期です。従って、学齢期全般における全ての発達段階において、歯みがきを教材に問題の発見・工夫・解決の過程を重視した学習が可能となります。

【ステップ４…問題解決のための工夫】自分の歯の形や歯並びに合ったみがき方を工夫する
☆手鏡を見ながら、染め出しで赤くなった部分をみがきます。
○教師は、歯ブラシを工夫して使いながら、赤く染まった部分をきれいにみがくように話します。

> それでは、これから赤く染まった部分をきれいにしてみましょう。どんなふうに歯ブラシを当てて動かしたらきれいになるのか、やってみましょう。
> （＊子どもたちの実態に応じて、ペアワークやグループワークで学習させるのも効果的）

【主体的・対話的で深い学びにつなげるヒント】
　ここでは、みがき残しが多かった部分を、子どもたちが「みがき方」を工夫して解決していきます。
　「歯ブラシの毛先を歯に上手に当てるには、どうしたらいいのかな？」
　「歯ブラシをどのように動かしたらいいのかな？」
　子どもたちの思考はどんどん広がります。子どもたちのひらめきやつぶやきをうまく捉えて、効果的なみがき方を工夫できるよう支援しましょう。

【ステップ５】発見したみがき方を友だちに紹介する
☆染め出した部分をどうみがいたらきれいになったかを発表します。
○教師は、工夫しながらみがいていた子どもをあらかじめ探しておき、数名に発表するよう促します。
＊発達段階に合わせて、子どもたちの発表の内容を板書し、口腔模型と大型歯ブラシを使って実演して見せることも効果的。

【主体的・対話的で深い学びにつなげるヒント】
　これらの活動は、上手なみがき方が見つからない子どもにとっては、友だちを真似することで効果的なみがき方に気づくことにつながります。また、発表した子どもたちも、自分の気づきを賞賛されることで、成就感や達成感を味わうことができ、自己肯定感の向上につながります。

【ステップ６…解決】自分に合ったみがき方を試す
☆発表を参考に、まだきれいにみがけていない部分をみがきます。
○教師は、上手な歯みがきのしかたが見つからない子どもたちに個別にアドバイスし、自分の歯に合ったみがき方を見つけられるよう支援します。

Chapter 3　実践編

【主体的・対話的で深い学びにつなげるヒント】
　子どもたちが発見した課題を解決できる「みがき方」を賞賛することが大切です。子どもたちと明確化した課題を解決するために試行錯誤した時間を共有することにより、子どもたちは解決できたという達成感から、思考を深め、解決する過程である深い学びの素晴らしさを体感できると考えられます。
　自分たちが課題を見つけ、解決方法を考え、自分たちの力で解決できる「歯と口」の健康教育は、教師の働きかけにより、「主体的・対話的で深い学び」につながり、賞賛を通して子どもたちのセルフエスティームを高めるための効果的な教材です。

ま と め

【ステップ7…実践・習慣化】自分の歯みがきのめあてを決める（意志決定スキル）
☆活動シートに、自分の歯みがきのめあてを記入します。
○教師は、「どの歯の、どこを、どうやってみがくのか」を順番に確認し、活動シートに
　記入するように話します。

　みなさんの歯で、真っ赤になったのはどの歯のどの部分でしたか？　その部分は、どのようにしてみがいたらきれいになりましたか？　今日の学習をよく思い出し、あてはまるものに○を付けましょう。高学年や中学生は自分の言葉で表現することも大切です。

＊活動シートは発達段階に合わせたものを使用する。低学年の活動シートにはあらかじめ
　「おくばのでこぼこを、はぶらしのつまさきで」等ポイントを記入しておいてもよい。

【主体的・対話的で深い学びにつなげるヒント】
　本時の問題解決学習のまとめとしての歯みがきの習慣化は、意志決定スキルの適応も可能です。自分の生活をよく考えて、いつ、どのように歯をみがくかを具体的に意志決定して、実践できたかどうかを評価していく（パワーポイント資料「きれいにみがこう！」参照）ことも意志決定スキルの向上に、さらには、自分の決めたことができたという成就感は、セルフエスティームの向上につながっていきます。歯と口の健康習慣は身近な教材だからこそ、主体的・対話的で深い学びにつながるのです。

41

活動シート

みがけているかな?

1年（　）組　氏名（　　　　　　　）

☆　みがきのこしがおおいのは、どのはのどのぶぶんかな？

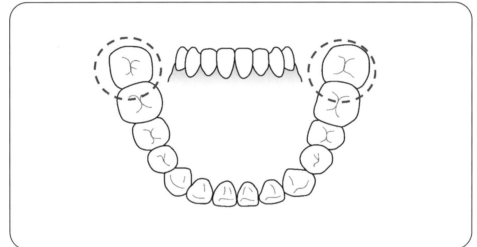

☆　どうしてみがけなかったのかな？

☆　どんなふうにみがいたら、きれいになりましたか？

☆　はみがきのめあて

おおきなおくばの　[　　　　　　　]　を

[　　　　　　　　　　　]

| 活動シート | |

みがけているかな?

2年（　）組　氏名（　　　　　　　　）

☆ みがきのこしがおおいのは、どのはのどのぶぶんかな？

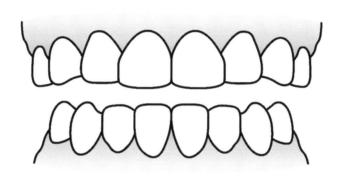

☆ どうしてみがけなかったのかな？

☆ どんなふうにみがいたら、きれいになりましたか？

☆ はみがきのめあて

　　まえばのそとがわの　　　　　　　　を

活動シート

みがけているかな?

(　)年(　)組　氏名(　　　　　　　)

☆　みがきのこしが多いのは、どの歯のどのぶぶんかな?

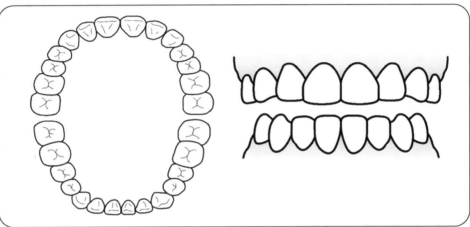

☆　どうしてみがけなかったのかな?

☆　どんなふうにみがいたら、きれいになりましたか?

☆　歯みがきのめあて

の　　　　　　　　　　を

Chapter 3 実践編

決める力を使って、よくかんで食べよう！

低学年

中学年

高学年

中学生

**セルフエスティーム
意志決定**

　毎日の食事で「よくかんで食べる」ことが大切だとわかっていても、意識して食事をすることはあまりないようです。また、「よくかんで食べるとよいことがいっぱいある」ということはわかっていても、実際はなかなか難しいものです。
　ここでは、よくかむ習慣を定着させるために、決める力（意志決定）を使った学習を紹介します。

 学習のねらい

○よくかんで食べる方法とよくかむことの効果を知る。
○「決める力」を使って、よくかんで食べる方法を決めて実行する。

「決める力」って何かな？
よくかんで食べるとどんなよいことがあるのかな？
よくかんで食べられない原因は何だろう？
よくかんで食べる方法の中で、自分にあっているものはどれだろう？

「よくかんで食べる」とよいことがたくさんあることがわかりました。
「決める力」は、自分の気持ちを決めるときに役立つことがわかりました。
よくかんで食べる方法がたくさんあることがわかりました。自分にあっているものを毎日続けていこうと思います。

45

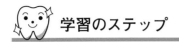 学習のステップ

学習のステップ		準備物
導　入	【ステップ1】 学習課題を知る	掲示資料 CD 「決める力を使って、よくかんで食べよう！」
展　開	【ステップ2】 かむことについての課題を知る	活動シート CD 「かむことチェック！シート」
	【ステップ3】 「かむこと」について、自分が直したいことを考える	掲示資料 CD 「かむってすごいよ！あいうえお」 活動シート CD 「決める力を使ってよくかんで食べよう！」
	【ステップ4】 「よくかむための方法」を考える	サインペン、短冊 掲示資料 CD 「ブレインストーミングの約束」
	【ステップ5】 「決める力」について知る	掲示資料 CD 「決める力が使えると」
	【ステップ6】 活動シートを使って、よくかんで食べるための方法を決める	活動シート CD 「決める力を使ってよくかんで食べよう！」
まとめ	【ステップ7】 本時のまとめをする ＊自分で決めた方法を1週間実践し、セルフチェックする。	
事　後 指　導	本時の学習で、十分に活動できなかった子へのフォローをする。	

 学習の展開〔☆…子どもの活動、○…教師の動き、＊…解説〕

導　入

【ステップ1】学習課題を知る
○教師は学習課題を提示し、本時の課題を確認します。

> 　みなさんは食事をするとき、「よくかむこと」に気をつけて食べているでしょうか？今日は、まず、よくかんで食べるとどんなよいことがあるのか、よくかんで食べるためにはどんなことができるのかについて考えます。
> 　そのあと、みなさんがよくかんで食べるためにはどうしたらよいかを決めるときに、とても役立つ「決める力」についても学習します。

Chapter 3 実践編

展 開

【ステップ2】かむことについての課題を知る

☆活動シート「かむことチェック！シート」（パワーポイント資料参照）を記入して、「か
　むこと」についての課題を見つけます。

○教師は、活動シート「かむことチェック！シート」を配付し、「かむこと」についての
　自分の課題を見つけるよう話します。

> みなさんは、毎日の食事のとき、どのくらいかんで食べているでしょうか？　「かむ
> ことチェック！シート」をよく読んで、「かむこと」についての課題を見つけましょう。

＊「かむことチェック！シート」は、学年に応じて事前に配付し、保護者と一緒に家庭で
　実施したり、給食時に実施したりしてもよい。

【ステップ3】「かむこと」について、自分が直したいことを考える

○教師は、掲示資料「かむってすごいよ！あいうえお」を掲示し、よくかむことの効果に
　ついて説明します。

> 「かむこと」についての課題は見つかりましたか？
> 　ところで、よくかんで食べると、どんなよいことがあるのでしょうか？　「かむって
> すごいよ！あいうえお」を見てください。

☆活動シート「かむことチェック！シート」を見ながら、よくかんで食べるための自分の
　課題を、活動シート「決める力を使ってよくかんで食べよう！」の「1」に記入します。
　さらに、どんなときによくかんで食べられないのかを考え、「2」に記入します。

○教師は、活動シート「かむことチェック！シート」の項目から、自分ができていない項
　目を選べるように支援します。すべてできている子には、「もっとできるようになると
　いいな」と思う項目を選ぶよう支援します。

【ステップ4】「よくかむための方法」を考える

☆グループに分かれて、「よくかむための方法」をブレインストーミングします。

○教師は、各グループに短冊とサインペンを配付し、「ブレインストーミングの約束」を
　確認します。

＊ブレインストーミングの方法については本書 p.52を参照。

＊ここから、意志決定のステップを活用した学習となる。意志決定のステップを活用した
　学習についての詳細は本書 p.62〜66を参照して、事前に学習方法や意義について確認
　しておく。

> これから、「よくかむためにできること」について、3分間ブレインストーミングします。
> 「ブレインストーミングの約束」は確認できましたか？
> 　どんな工夫をするとよくかんで食べることができるのか、たくさんのアイディアを出
> してください。

47

○教師は、ブレインストーミングのスタートの合図をしたら、各グループの様子を見ながら、アイディアが広がるよう支援します。

【参考】
　実際に子どもたちが「よくかむためにできること」をブレインストーミングした結果です。
・30回かむ　・50回かむ　・左右15回ずつかむ　・30秒かむ
・砂時計を見ながらかむ　・飲み込もうと思ったら、あと5回かむ
・粉々になるまでかむ　・ひと口食べたらはしを置く
・口に入っているものをゴックンしてから次のものを食べる
・口に食べ物が入っているときは水分を飲まない

【主体的・対話的で深い学びにつなげるヒント】
　子どもたちは、様々な場面で目標を決める学習をしています。しかし、「算数をがんばる」「しっかり歯をみがく」など、漠然としたものが多いものです。目標を決めて取り組む意義は、「できた！」「がんばれた！」という達成感や成就感を味わうことです。
　そのためには、自分にも周りの人にもできたかどうかが確認できる目標を立てることが大切なポイントです。目標を達成できたことがわかるからこそ、自分自身でも満足できるし、周囲からも賞賛してもらえるのです。

【ステップ5】「決める力」について知る
○教師は、掲示資料「決める力が使えると」を掲示し、「決める力」を使うことのよさを説明します。

　みなさんは、何かを決めなければならないときに、どうしようかな…、困ったな…と悩んでしまうことはないですか？　面倒になって、「これでいいや！」といい加減に決めてしまって、後で困ったことになった…という経験もあるかもしれません。
　こんなとき、役立つのが「決める力」です。「決める力」を使っていると、だんだん自分に自信がもてるようになって、いろいろな問題を上手に解決できるようになっていきます。
　決める力には、「決めたいことをはっきりさせる」「解決する方法をたくさん考える」「自分の生活にあてはめて、よい点と困る点を考える」「一番よい方法を決める」の4つのステップがあります。

☆活動シート「決める力を使って…」に、「解決する方法」を3つ記入し、それぞれのよい点・困る点を考えて記入します。
○教師は、意志決定のステップに従って記入できるように支援します。

Chapter 3 実践編

> 　今日「決めること」は、「よくかむためにできること」です。先ほどみなさんは、ブレインストーミングをして「解決する方法」をたくさん考えました。次は、活動シート「決める力を使って…」にできそうな方法を３つ記入して、それを実行したときのよい点と困る点を記入しましょう。

【ステップ６】活動シートを使って、よくかんで食べるための方法を決める
☆自分が選んだ３つの方法について、それぞれ「よい点」「困る点」を考えたうえで、一番よいと思う方法を決定し、活動シートに記入します。

ま と め
【ステップ７】本時のまとめをする
○教師は、自分が決めた「よくかむためにできること」を、今日から１週間実行することを伝えます。

> 　みなさんは、よくかんで食べるとよいことがたくさんあることを学習しました。そして、「決める力」を使って、よくかんで食べるためにできることを決定しました。今日から１週間、実行してみましょう。一日の自分の「食べ方」を振り返って、「実行度」を記入しましょう。実行度が◎にならなかったときには、なぜできなかったのかも記入しておきましょう。

事後指導
　「決める力」を使った学習は、一度の学習で上手にできるようになるものではありません。様々な課題について、繰り返し学習を重ねることが大切です。また、「決める力」の学習は、全体での指導では十分に理解が深まらない子どももたくさんいます。ここでは、そんな子どもたちへのフォローについてご紹介します。

☆保健室で個別に支援
　「決める力」について、その子どもにとって身近な課題を用いて保健室で個別に確認します。課題を解決するための選択肢を挙げることは、子どもたちにとって難しいものです。
　いくつかの選択肢を挙げ、例示するのもひとつの方法です。
　それぞれの選択肢について、結果の予測（実行した際のよいこと・困ること）をするのも、慣れない子どもには難しいものです。具体的な場面を想像させながら、それぞれの結果について考えさせると効果的です。例えば、「30回かむ」について考えてみます。子どもたちに自分が実際に食べ物を口に入れて30回かんでいるところを想像させると、よいことは「よくかんで食べることができる」、困ることは「数えるのが面倒」などと結果を考え予測することができます。
　課題解決の方法を決定し、取り組む段階でも個別に丁寧に確認します。担任と協力しながら、その子どもが「できた！」と成就感を味わえるよう支援していきましょう。

☆子どもたち同士でペアを作って励まし合って支援

「決める力」の学習は、コツコツと毎日取り組むことが子どもたちにとって難しいこともあります。そのような場合には、課題解決の方法について、同じ選択肢を選んだ子ども同士がペアになって活動すると、お互い励まし合ったりアドバイスをしたりして、活動がスムーズになります。

☆保健委員会の児童生徒がリーダーとなってクラスで支援

それぞれのクラスの保健委員が、クラスでの活動のリーダーとなることも効果的です。教師からの指導は「やらされている」と捉えられがちですが、友だちからの励ましやアドバイスは心地よいものです。

この際に、リーダーとなる子どもたちへの事前指導も十分に行いましょう。この子どもたちが各クラスで自信をもって活動をリードすることは、本人たちの自己肯定感が高まることはもちろん、クラスの子どもたちの自己肯定感を高めることにもつながります。

☆保護者と連携して個別に支援

「かむこと」はもちろん、生活習慣に関する活動は保護者の協力が何よりも大切です。「決める力」についても、低学年では保護者と一緒に学習を進めることもひとつの方法です。「決める力」について保護者の理解が深まると、子どもたちが出合う様々な課題についても「決める力」を活用しやすくなります。

活動シート 🖸

Chapter 3　実践編

決める力を使ってよく噛んで食べよう！

1. 直してみたいことは？

2. よく噛んで食べられないときはどんなとき？

3. 解決する方法を3つ書いてください。

4. 実行したときの良いこと・困ることを書いて下さい。

年　　組　　名前

5. 今日から　　　　　　　することにしました。

6. 自分で決めたことが、できたか確かめましょう！

月/日	曜日	実行度	理由は？（△・×のときに書く）
		◎・○・△・×	
		◎・○・△・×	
		◎・○・△・×	
		◎・○・△・×	
		◎・○・△・×	
		◎・○・△・×	

7. 1週間後の反省

◆ できたこと

◆ できなかったこと

◆ 来週、がんばること

公益財団法人ライオン歯科衛生研究所

〔資料　ブレインストーミングの進め方〕

ブレインストーミングの進め方

【ブレインストーミング実施上の留意点】
○批判、コメントはしません
　出された意見やアイディアは全て重視され、批判はもちろん、一切のコメントをしてはなりません。そうした検討は、ブレインストーミングの終了後に行います。
○自由にアイディアを出します
　実現可能かどうかなどということは考慮せずに、自由に思いついたことを発言します。
○質を問わずに多くのアイディアを出します
　「批判厳禁」と並んで「質より量」がブレインストーミングの基本です。いいアイディアを出そうとすると、かえってアイディアは出てきません。とにかく、思いついたことをできるだけ多く述べます。
○便乗発展させて新たなアイディアを出します
　他の人のアイディアをヒントに、それを発展させ、新たなアイディアを生み出す手がかりとします。

①小集団（６人程度）に分け、アイディアを書き込むカードを配ります
　学習の展開や学級の実態によっては、小集団でブレインストーミングをするのは困難なことが予想される場合もあります。その場合は、学級全体で行ってもいいです。また、授業の導入の段階において、子どもたちをリラックスさせることを主な目的としてブレインストーミングを行う場合も、学級全体で行ってもいいです。
　カードは、少し大きめの付せん紙などを利用すると便利です。なお、黒板などに貼る場合は、Ａ４判の縦半分くらいの大きさの紙が便利です。また、１枚のカードには１つのアイディアを書くように指示します。
　カードの枚数としては、１人あたり５枚程度を用意しておきます。カードは各自に１枚配り、残りはグループの中央に置き、必要に応じて取るように促します。

②司会者を決めます
　司会者の役割は、出たアイディアを交通整理することです。司会者は、アイディアがすでに出たものでないかどうかを判断します。その際、ニュアンスが多少なりとも違えばOKにするように教師は指示します。もちろん司会者も発言してもかまいません。そのため、司会者の他に副司会者を決めておいてもいいです。

③テーマについて確認し、決められた時間（３分程度）内にできるだけ多くのアイディアを出します
　発言者は、司会者もしくは副司会者のOKが出たら、自分でカードにアイディアを記入します。
　ブレインストーミングが終わったら、まず出たアイディアを数えます。この後、司会者が出たアイディアを読み上げながら、グループのメンバー全員で似ているアイディアをまとめるなどの作業を行います。

（参考）JKYBライフスキル教育研究会（代表 川畑徹朗）編著『「きずなを強める心の能力」を育てる　JKYBライフスキル教育プログラム小学校５年生用』東山書房

Chapter 3　実践編

コラム

　「よくかんで食べよう」の学習は、かむ習慣が定着するように数週間継続したり、毎月「強化週間」を設けたりするなど、繰り返し学習することが大切です。

　例えば、「よくかんで食べよう」の学習の後、「朝活チャレンジ」などのネーミングで、朝の会で目標達成の確認と振り返りを繰り返すこともできます。

　「決める力」を使った繰り返しの学習で、児童生徒の「よくかんで食べるための方法」にも変化がみられるようになります。学習がスタートしたときには、「味わいながら食べる」「意識してかむ」など漠然とした方法が多くみられますが、次第に「口の中いっぱいに食べない」「ひと口の量を少なくする」「食事中はテレビを見ない」「30回かむ」「左右で15回ずつかむ」など、具体的で「できたかどうかが評価しやすい」ものに変化します。

　「決める力」を使った繰り返しの学習は、効果的な意志決定が上手になることはもちろん、セルフエスティームの向上にもつながる有効な学習です。

スポーツドリンク　Yes or No

低学年　中学年　高学年　中学生

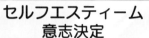
セルフエスティーム
意志決定

　夏になると、熱中症予防を呼びかける清涼飲料水のCMを目にすることが多くなります。特にスポーツドリンクは水分や電解質を補給するために、積極的な摂取が推奨されています。
　しかし一方で、清涼飲料水は酸性のものが多く、歯を溶かしてしまう危険があることはあまり知られていません。
　ここでは、「意志決定のステップ」を活用して、スポーツドリンクの摂取の仕方について考える学習を紹介します。

 学習のねらい

○スポーツドリンクとむし歯発生の関連について知る。
○スポーツドリンクの成分とそれぞれの役割を知る。
○「意志決定のステップ」を活用して、スポーツドリンクの飲み方について意志決定する。

むし歯はどうやってできるのかな？

むし歯のでき方とスポーツドリンクには何か関係があるのかな？

スポーツドリンクにはどんな役割があるんだろう？

スポーツドリンクなどの清涼飲料水は酸性のものが多いので、歯をとかしてしまうことがあることがわかりました。

スポーツドリンクは体によいことばかりかと思っていました。

スポーツドリンクを飲むときには、飲み方や飲む量を考えながら飲むようにしようと思います。

Chapter 3 実践編

 学習のステップ

	学習のステップ	準備物
導　入	【ステップ1】 学習課題を知る	掲示資料 CD 「スポーツドリンク Yes or No」
展　開	【ステップ2】 スポーツドリンクについて考える 【ステップ3】 スポーツドリンクの成分とその役割を知る 【ステップ4】 むし歯の発生要因とスポーツドリンクの関連について知る 【ステップ5】 「意志決定のステップ」を活用して、スポーツドリンクの飲み方を意志決定する	掲示資料 CD 「スポーツドリンクの成分とその役割」 掲示資料 CD 「むし歯の発生要因」 掲示資料 CD 「意志決定のステップ」 短冊、サインペン 掲示資料 CD 「ブレインストーミングの約束」 活動シート CD 「自分で決めよう！」
まとめ	【ステップ6】 本時のまとめをする	

 学習の展開〔☆…子どもの活動、○…教師の動き、＊…解説〕

導　入

【ステップ1】学習課題を知る
○教師は、学習課題を提示し、本時の課題を確認します。

> みなさんはスポーツドリンクをよく飲みますか？　スポーツドリンクと聞いて、みなさんはどんなイメージをもつでしょうか？
> 今日は、スポーツドリンクと健康について考えたいと思います。

展　開

【ステップ2】スポーツドリンクについて考える
☆「スポーツドリンク」と聞いて、どんなことを思い浮かべるかを発表します。

> 「スポーツドリンク」と聞いて、みなさんはどんなことを思い浮かべますか？　どんなことでもかまいません。思い浮かんだことを発表してください。

55

○教師は、子どもたちの発表を板書します。

＊板書の際、「よいイメージ」と「よくないイメージ」を分けて板書しておく。

【参考】子どもたちの意見の一部です。
・熱中症予防　　　・水分補給　　・甘い　　　・体によい　　　・種類がいっぱい
・運動後に飲む　　・汗　　　　　・電解質　　・飲むほうがよい　・飲みすぎない

○教師は、子どもたちのアイディアを賞賛し、スポーツドリンクのイメージを確認します。

　「スポーツドリンク」と聞いて思い浮かぶことを発表してもらいました。
　（板書を読み上げるなどしながら、よいイメージとよくないイメージがあることを確認します）
　夏になると、熱中症予防のためにスポーツドリンクのCMを多く見ますね。最近では、冬でも水分補給をよびかけるCMを目にします。
　でも、スポーツドリンクをたくさん飲むことは体によいのでしょうか？　スポーツドリンクをたくさん飲むことで、みなさんの体によくない影響を与えることはないのでしょうか？

【ステップ3】スポーツドリンクの成分とその役割について知る

○教師は、掲示資料「スポーツドリンクの成分とその役割」を提示し、スポーツドリンクに含まれる成分と、それぞれの役割について説明します。

　これは、みなさんがよく飲むスポーツドリンクの成分を示したものです。水分や電解質を補給し、熱中症を予防するためにとても重要な成分が含まれています。

【ステップ4】むし歯の発生要因と、スポーツドリンクの関連について知る

○教師は、掲示資料「むし歯の発生要因」を提示し、むし歯が発生する要因について説明します。

　これは、むし歯ができる原因となるものを示したものです。私たちの口の中には、むし歯菌がいます。このむし歯菌は、「砂糖（糖質）」を栄養にして「歯垢」や「酸」を作ります。この「酸」によって歯が溶かされてしまう病気が「むし歯」です。

＊「参考資料」をもとに、実際の実験結果を紹介する。実験ができない場合には、写真を使って実験について説明する。

Chapter 3 実践編

《参考資料〜歯を砂糖水とスポーツドリンクにつけておくとどうなる?〜》
　半分をマニキュアでコーティングした抜去歯を 2 本用意します。
　1 本は砂糖水（10〜20％）に、もう 1 本はスポーツドリンクに、それぞれ 1 週間程度つけておきます。
　1 週間後、歯の表面を比べてみると、スポーツドリンクにつけた歯の表面が白濁していることがわかります。
　子どもたちは、砂糖水につけた歯が変化すると考えますが、砂糖水にはむし歯の発生要因となる「酸」がないため、歯が変化することはありません。一方、スポーツドリンクは pH 値を調べると酸性です。そのため、スポーツドリンクそのものに歯を溶かす力があり、実験の結果、歯の表面が白濁して溶けてしまったのです。

　本物の歯を、砂糖水とスポーツドリンクに 1 週間つけておきました。どちらの歯がどのような変化をすると思いますか?
（数名の子どもたちに予想を聞く）
　様々な予想がありますね。砂糖水とスポーツドリンクにつけた歯を、何もしなかった歯と比べてみましょう。砂糖水につけた歯は何の変化もしていませんね。砂糖はむし歯の原因になるはずなのに、なぜでしょう?
　（掲示資料「むし歯の発生要因」を確認しながら）砂糖水には、「むし歯菌」が入っていなかったからなのです。では、同じように「むし歯菌」が入っていなかったスポーツドリンクにつけた歯はどうなったでしょうか?　白く変化しているのがわかります。
　砂糖水と同様、「むし歯菌」は入っていないはずです。

☆実験結果を見て、なぜスポーツドリンクにつけておいた歯が白濁したのか、考えて発表します。

　「スポーツドリンクには砂糖が入っているから」と発表がありました。なるほど、スポーツドリンクには砂糖が入っていますね。でも、砂糖をエサにしてむし歯を作る「むし歯菌」がいないので、砂糖が原因ではなさそうです。
　実は、pH 値といって酸性かアルカリ性かを示す数値があります。スポーツドリンクの pH 値を調べたら、何と酸性でした。むし歯菌がいなくても、スポーツドリンクにはもともと「酸」が入っていて、歯を溶かしてしまうのです。

【ステップ 5】「意志決定のステップ」を活用して、スポーツドリンクの飲み方を意志決定する
☆意志決定のステップを活用して、スポーツドリンクの飲み方について意志決定します。
○教師は、掲示資料「意志決定のステップ」を提示し、意志決定のステップについて確認します。
＊意志決定のステップを活用した学習を初めて実施する場合は、本書 p. 62〜66 を参考に丁寧に説明する。

みなさんは、「意志決定のステップ」を覚えていますか？　今日は、「スポーツドリンクをどのように飲んだらよいか」について意志決定します。

　みなさんは、熱中症の予防にスポーツドリンクが欠かせないことはよく知っていますね。でも、先ほどの実験で、スポーツドリンクは歯を溶かしてしまう力があることも知りました。そこで、スポーツドリンクをどのように飲むことが、自分にとってよりよい飲み方なのかを考えます。

☆グループに分かれて、「スポーツドリンクをどのように飲んだらよいか」について、ブレインストーミングします。

○教師は、各グループに短冊とサインペンを配付し、「ブレインストーミングの約束」を確認します。

＊ブレインストーミングの結果を黒板に掲示するため、大きめの短冊（A4縦半分）を用意するとよい。

　これから、「スポーツドリンクをどのように飲んだらよいか」をテーマに、ブレインストーミングします。「ブレインストーミングの約束」は確認できましたか？

　思い浮かんだことをたくさん出してください。

○教師は、ブレインストーミングのスタートの合図をしたら、各グループの様子を見ながら、アイディアが広がるよう支援します。

○教師は、ブレインストーミングの結果を黒板に掲示し、子どもたちを賞賛した後、活動シート「自分で決めよう！」を配付します。

☆活動シート「自分で決めよう！」を使って、自分にできそうなスポーツドリンクの飲み方を３つ選び、それぞれについて結果を予測して記入します。

　どのようにスポーツドリンクを飲んだらよいのか、たくさんのアイディアが出ました。このアイディアの中から、自分ができそうなものを３つ選んで活動シートに記入しましょう。そして、それぞれについて実行した際の「よい点」「困る点」を予想してみましょう。

○教師は、活動シートへの記入が終わったことを確認し、グループの中で自分の考えを発表するよう指示します。

☆グループの友だちの発表を参考にして、スポーツドリンクの飲み方を決定します。

　友だちの発表を聞いて、どうでしたか？　自分と同じ飲み方を選んでいても、よい点や困る点が違うこともありますね。「なるほどな」「それもありだな」と思った意見があったら、自分の活動シートに書き加えておきましょう。

　友だちの意見も参考にして、自分はスポーツドリンクをどう飲むのか決めて記入してください。

【主体的・対話的で深い学びにつなげるヒント】
　子どもたちの周りには、たくさんの商品が溢れています。大人でも魅力的なCMや広告にのせられて、購買意欲が高まってしまう経験があるものです。
　その中で、商品を購入する際に様々な情報を踏まえ、自分の体への影響を考えたうえでどんな商品を購入し、どう活用していくかを考える力は生涯必要な力となります。困ったとき、悩んだとき、子どもたちが「意志決定のステップ」を繰り返し活用することは、子どもたちの大きな力につながっていきます。

【ステップ６】本時のまとめをする

○教師は、数名の子どもを指名し、意志決定の結果を発表するよう指示します。

> 　一人一人、自分に合った意志決定ができたようですね。
> 　今日は、スポーツドリンクをどのようにして飲むとよいのかについて意志決定しました。体によいと思っていたものでも、実は体によくない面をもっていることもわかりましたね。
> 　何かを決めるとき、「なんとなく」ではなく、「意志決定のステップ」を活用して、「よい点」「困る点」を考えてから決定すると、よりよい決定ができることがわかりました。様々な場面で「意志決定のステップ」が活用できるとよいですね。

活動シート 〔CD〕

自分で決めよう！

（　　）年　名前（　　　　　　　　　　　　）

止まって

スポーツドリンクをどう飲むか

⬇

考えて

よい点	よい点	よい点

困る点	困る点	困る点

⬇

決めよう

（参考）JKYB ライフスキル教育研究会（代表 川畑徹朗）編著『「きずなを強める心の能力」を育てる　JKYB ライフスキル教育プログラム小学校 5 年生用』

Chapter 3 実践編

参考実験
○スポーツドリンクが歯に与える影響を確認するための実験です。

【準備物】抜去歯（2本）、マニキュア、ビーカー（2個）、スポーツドリンク、砂糖水（10〜20％）、除光液

【実験方法】
①2本の抜去歯の半分をマニキュアでコーティングします（写真1）。
②2個のビーカーに、それぞれスポーツドリンクと砂糖水、抜去歯を1本ずつ入れ、1週間置きます。
③1週間後、2本の歯のコーティング部分を除光液で取り除きます。
④コーティングした部分と、コーティングしていない部分を比較すると、スポーツドリンクにつけた歯のコーティングしていない部分だけが白濁していることがわかります（写真2）。

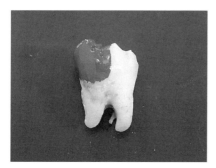

写真1

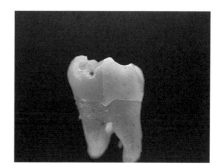

写真2

「けっていしんごう」をつかおう！

低学年　中学年　高学年　中学生

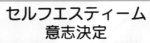
セルフエスティーム
意志決定

　日々の生活は、「どの服を着ていこう」「どのお茶を飲もう」「何をして遊ぼう」など、「決めること（意志決定）」の連続です。その日の気分や感覚で決めても問題のない意志決定もありますが、子どもたちはやがて、進路や将来に関わる重要な意志決定に向き合うことになります。
　ここでは「意志決定のステップ」を学び活用する練習をすることで、適切な意志決定をする力を身に付ける学習を考えてみました。

 学習のねらい

○意志決定に有効な「意志決定のステップ」を知る。
○「意志決定のステップ」を身近な場面に当てはめて、意志決定の練習をする。

「けっていしんごう」って、なんだろう？

自分の気持ちを決めるためには、どんな方法があるのかな？

「けっていしんごう」を使うとどんなよいことがあるのかな？

「けっていしんごう」を使って自分の気持ちを決めると、いろいろなことをよく考えて決められることがわかりました。

これからは、何かを決めなければならないときは「けっていしんごう」を使って自分の気持ちを決めようと思います。

Chapter 3 実践編

 学習のステップ

	学習のステップ	準備物
導　入	【ステップ1】 学習課題を知る	掲示資料 CD 「『けっていしんごう』をつかおう！」
展　開	【ステップ2】 「けっていしんごう」を知る	掲示資料 CD 「『けっていしんごう』をしろう！」 「『けっていしんごう』をつかおう！」
	【ステップ3】 「決めなければならないこと」を知る	
	【ステップ4】 登場人物が困っていることを確認する	活動シート CD 「『けっていしんごう』をつかおう！」
	【ステップ5】 困っていることを解決するための3つの方法について、それぞれの「よいところ」「こまるところ」を考える	活動シート CD 「『けっていしんごう』をつかおう！」
	【ステップ6】 3つの方法から、自分が一番よいと思う方法を選び、選んだ理由を記入する	活動シート CD 「『けっていしんごう』をつかおう！」
まとめ	【ステップ7】 本時のまとめをする	掲示資料 CD 「こまったら『けっていしんごう』をつかおう！」

 学習の展開〔☆…子どもの活動、○…教師の動き、＊…解説〕

導　入

【ステップ1】学習課題を知る
○教師は、学習課題を提示し、本時の課題を確認します。

> みなさんは、毎日生活している中で、「どうしようかな？」と悩むことはありませんか？　例えば今日の朝、「どの服を着ようかな？」と考えませんでしたか？　給食の時間、「どのおかずから食べようかな」と迷いませんか？
> このように、「どうしようかな」「どれにしようかな」と悩んだときに助けてくれるのが「けっていしんごう」です。
> 今日は、「けっていしんごう」を使って、自分の気持ちを決める練習をします。

展 開

【ステップ２】「けっていしんごう」を知る
○教師は、掲示資料を提示し、「けっていしんごう」について説明します。

これは、困ったり悩んだりしたときに、自分の気持ちを決めるのを助けてくれる「けっていしんごう」です。

「とまって！」は、困っていること、悩んでいることが何なのかを考えます。例えば、おこづかいをもらっておやつを買うとしたら、「おやつに何を買うか」です。

次に、「かんがえて！」では、悩んでいることを解決するための方法をいくつか考えます。「おやつに何を買うか」について悩んでいる場合には、「チョコレート」「せんべい」「カップめん」など、食べたいおやつをいくつか挙げます。そして、そのおやつをそれぞれ買って食べたときの「よいところ」「こまるところ」を考えます。例えば「チョコレート」を食べたら「よいところ」は「甘くておいしい」けれど、「こまるところ」は「べたべたして歯によくない」となります。

それぞれについて考えたら、いよいよ「きめよう！」です。それぞれのおやつを食べたらどうなるかを考えたうえで、自分がどのおやつを食べるのかを決めます。そして、どうしてそのおやつを食べることにしたのか、よく振り返っておきましょう。

【ステップ３】「決めなければならないこと」を知る
○教師は、活動シートの課題の内容を説明します。

「ぼく」はみなさんと同じ小学○年生です。はやとくんは幼稚園から一番なかよしの友だちです。二人ともゲームが大好きで、ゲームの話をするととても楽しいです。

学校の帰り道、はやとくんが、「新しいゲームソフトを買ってもらったんだ。今日、これから一緒にやろうよ」と言いました。そのゲームソフトは「ぼく」がずっとほしかったゲームソフトです。でも「ぼく」は、今日の朝、お母さんから「学校で『むし歯を治しましょう』って言われたでしょう？　今日は歯医者さんの予約をとったから、学校から帰ったら歯医者さんに行きますよ」と言われています。むし歯はまだ痛くないのですが、お母さんが予約をしてくれたのです。

ずっとやってみたかったゲームもしたいし、歯医者さんにも行かなきゃいけないし、「ぼく」はどうしたらよいのでしょうか…。

＊「ぼく」が何について困っているのかを理解できるよう、丁寧に説明する。

【ステップ４】登場人物が困っていることを確認する
○教師は、活動シートを配付し、登場人物の「ぼく」が困っていることを確認します。

ここで「ぼく」が困っていることは何でしょう？

はやとくんとゲームがしたいけど、今日は歯医者さんの予約があるのですよね。「ぼく」は、はやとくんに何と言えばよいのか、困っているのですね。

Chapter 3 実践編

**【ステップ５】困っていることを解決するための３つの方法について、それぞれの「よい
ところ」「こまるところ」を考える**

○教師は、解決するための３つの方法を読み上げ、それぞれの言葉を「はやとくん」に言
ったときの「よいところ」「こまるところ」を考えるよう促し、子どもたちの意見を板
書します。

☆３つの解決策について、「よいところ」「こまるところ」を考えて発表します。

【主体的・対話的で深い学びにつなげるヒント】

　意志決定の際に、選択肢をいくつか挙げ、その結果を予測することはとても大切な
ポイントです。それぞれの選択肢を実行することで、自分自身や周囲の人たちに及ぼ
す影響やリスクを考えたり、短期的、長期的なリスクを考えたりすることは、物事を
見る視野を広げ、深い学びにつながります。

　何かを決めるとき、実行するとき、思考の中で「意志決定のステップ」を適合して
決定できるようになると、適切な意志決定や行動選択ができるようになります。

【ステップ６】３つの方法から、自分が一番よいと思う方法を選び、選んだ理由を記入する

☆３つの方法から、一番よいと思うものに「○」を付け、活動シートにその方法を選んだ
理由を記入します。

　３つの方法には、それぞれ「よいところ」「こまるところ」がありました。でも、「ぼ
く」は、はやとくんに何と言うか決めなければなりません。どれが一番よい方法だと思
いますか？　ひとつ選んで、それを選んだわけを書きましょう。

ま と め

【ステップ７】本時のまとめをする

○教師は、悩んだり迷ったりしたときには、「けっていしんごう」を使って自分の気持ち
を決めるとよいことを説明します。

　今日は、「けっていしんごう」を使って自分の気持ちを決める練習をしました。みな
さんは、毎日、たくさんのことを決めています。悩んだり迷ったりしたときには、今日
学習した「けっていしんごう」を使ってみましょう。

65

活動シート

「けっていしんごう」をつかおう！

（　）ねん_____

とまって！

はやとくんとゲームもしたいし、
はいしゃさんにいかなきゃいけない…。

「はやとくんに、なんていおう？？」

↓

かんがえて！

| きょうは
はいしゃさんにいくから、
ゲームはあしたやらせてね。 | はいしゃさんにいくから、
かえってきてから
はやとくんのいえにいくよ。 | おかあさんにたのんで、
はいしゃさんのよやくを
ちがうひに
してもらうね。 |

↓

きめよう！

えらんだわけは…

☆ふりかえり

　これからは、（　　　　　　　　）をつかって、どれがよいかをよく考えて

　（　　　　　）できめようと思います。

（参考）JKYBライフスキル教育研究会（代表 川畑徹朗）編著『「きずなを強める心の能力」を育てる　JKYBライフスキル教育プログラム小学校5年生用』

Chapter 3 実践編

いやなことかな？うれしいことかな？

低学年　中学年　高学年　中学生

セルフエスティーム
ストレス対処

子どもたちは様々なできごとに出合ったとき、自分の感じ方や受け取り方が「当たり前」だと思っています。でも、人によって感じ方や受け取り方はそれぞれ違うものです。
自分の当たり前は友だちの当たり前ではないこと、人によって感じ方や受け取り方が様々であることに気づいてほしい。そんな思いをこめた学習です。

 学習のねらい

○自分が「いやだな、困るな」と思うできごと（ストレスの原因となるできごと）を確認する。
○「いやだな、困るな」と思うできごとは、人によってそれぞれ違うことを知る。

自分はどんなできごとを
「いやだな、困るな」と思うのかな？

自分が「いやだな、困るな」と思う
できごとは、みんなも
「いやだな、困るな」と思うのかな？

「いやだな、困るな」と思うできごとは、
みんな同じなのかな？

わたしが「うれしい、楽しい」と感じる
ことは、友だちも「うれしい、楽しい」と
感じるんだと思っていました。
でも、感じ方は人によって
それぞれ違うことがわかりました。

自分が「うれしい、楽しい」と感じる
できごとを「いやだな、困るな」と感じる
友だちもいるんだということを考えながら、
友だちと仲よくしていきたいです。

67

学習のステップ

	学習のステップ	準備物
導　入	【ステップ1】 学習課題を知る	掲示資料 CD 「いやなことかな？うれしいことかな？」
展　開	【ステップ2】 できごとカードを「いやだな、困るな」と思うことと「うれしいな、楽しいな」と思うことに分ける	できごとカード CD
	【ステップ3】 「うれしいな、楽しいな」と思うできごとカードを活動シートに並べ、順番に貼る	活動シート CD 「いやなことかな？うれしいことかな？」 できごとカード CD、のり
	【ステップ4】 「いやだな、困るな」と思うできごとカードを活動シートに並べ、順番に貼る	活動シート CD 「いやなことかな？うれしいことかな？」 できごとカード CD、のり
	【ステップ5】 全員が輪になるように机を移動し、活動シートを机上に置く	活動シート CD 「いやなことかな？うれしいことかな？」
	【ステップ6】 友だちの活動シートを見て、できごとカードの位置を見比べる	活動シート CD 「いやなことかな？うれしいことかな？」
まとめ	【ステップ7】 本時のまとめをする	活動シート CD 「いやなことかな？うれしいことかな？」

学習の展開 〔☆…子どもの活動、○…教師の動き、＊…解説〕

導　入

【ステップ1】学習課題を知る

○教師は、学習課題を提示し、本時の課題を確認する。

> みなさんは、毎日生活している中で、「いやだな、困るな」と思うできごとに出合うことはないですか？
> 今日は、「いやだな、困るな」と感じるできごとと、反対に「うれしいな、楽しいな」と感じるできごとにはどんなものがあるかを考えてみましょう。

展　開

【ステップ2】できごとカードを「いやだな、困るな」と思うことと「うれしいな、楽しいな」と思うことに分ける

〇教師は、できごとカードを配付します。

☆できごとカードを1枚ずつ机上に並べ、「いやだな、困るな」と思うことと「うれしいな、楽しいな」と思うことに分類します。

＊できごとカードは、事前に1枚ずつ切り離したものを用意するとよい。また、裏に両面テープを貼っておくと、活動がスムーズになる。

【ステップ3】「うれしいな、楽しいな」と思うできごとカードを活動シートに並べ、順番に貼る

〇教師は、活動シート「いやなことかな？ うれしいことかな？」を配付します。

☆活動シートに、「うれしいな、楽しいな」と感じると分類したカードを順番に貼ります。

> まず、活動シートの上に、「うれしいな、楽しいな」と思うできごとカードを並べましょう。その中でも一番「うれしいな、楽しいな」と思うものを1枚だけ選び、活動シートの右端に置きます。二番目に「うれしいな、楽しいな」と思うものをその隣に置きます。三番目、四番目…と選んで順番に置きましょう。
>
> 「うれしいな、楽しいな」と思うカードをすべて並べたら、もう一度よく見直して、カードを貼ってください。

【ステップ4】「いやだな、困るな」と思うできごとカードを活動シートに並べ、順番に貼る

〇教師は、ステップ3と同様の手順で「いやだな、困るな」と思うカードを活動シートの左端から順番に貼るよう指示します。

【ステップ5】全員が輪になるように机を移動し、活動シートを机上に置く

〇教師は、全員の机を移動して、輪になるように指示します。

＊クラスの人数が多い場合には、いくつかのグループに分かれて行ってもよい。

☆机を移動して、全員で輪になり、机上に完成した活動シートを置きます。

【ステップ6】友だちの活動シートを見て、できごとカードの位置を見比べる

☆時計回りに席を移動しながら、友だちの活動シートの内容を確認します。

〇教師は、自分と同じなのか違うのかを、よく見比べるよう指示します。

> 自分の活動シートをよく見ましょう。まず、一番「いやだな、困るな」と思うカードを左手の人差し指で押さえます。次に一番「うれしいな、楽しいな」と思うカードを右手の人差し指で押さえましょう。指で押さえたできごとをよく覚えておいてください。
>
> では、隣の席に移動します。友だちの活動シートをよく見ましょう。自分が押さえた2つのできごとカードがどこにあるか探して、それぞれの指で押さえてみましょう。カードは自分と同じ場所にありましたか？

＊活動の際、左右の人差し指を出したままの状態で席を移動させるとわかりやすい。

＊同様の手順でクラス全員の活動シートを見比べる。（人数によっては小グループに分け

て活動してもよい）

【主体的・対話的で深い学びにつなげるヒント】

　子どもたちにとって、「自分との違い」を受けいれるのはなかなか難しいようです。大人の私たちも「自分の当たり前が、世の中の当たり前」と捉えがちです。

　同じできごとに出合っても、同じことを言われても、それぞれ受け取り方も感じ方も違います。自分がストレスだと感じないできごとでも、他の人はとても嫌だと感じることがある、同じように「嫌だ」と感じても、それぞれ理由が違う。人それぞれ違っていることや、それぞれにその人らしい特質があることを知る（セルフエスティーム：独自性の感覚）学習を通して、それぞれの違いを受けいれられるようになってほしいものです。

ま と め

【ステップ7】本時のまとめをする

☆自分と友だちのできごとカードの位置がどうなっていたかを発表します。

○教師は、「いやだな、困るな」と思うできごとも、「うれしいな、楽しいな」と思うできごとも、人によって感じ方が違うことを説明します。

　　自分が一番「いやだな、困るな」と思うカードは、友だちも一番左側にありましたか？自分が一番「うれしいな、楽しいな」と思うカードは、友だちも一番右側でしたか？
　　自分は一番「いやだな、困るな」と思うできごとでも、友だちは「うれしいな、楽しいな」と思っていることもありましたね。
　　では、どうしてそう思うのか、友だちに質問してみましょう。

○教師は、ひとつのできごとを取り上げ、「いやだな、困るな」と思うのか、「うれしいな、楽しいな」と思うのか、挙手させて確認し、それぞれなぜそう思うのかの理由を述べさせます。

　　（例えば）「歯医者さんに行く」ことが「いやだな、困るな」と思う人も、「うれしいな、楽しいな」と思う人もいました。「いやだな、困るな」と思う人は、「痛いから」「何をされるかわからないから」などの理由で「いやだな、困るな」と思うことがわかりました。反対に「うれしいな、楽しいな」と思う人は、「歯をきれいにしてもらえるから」「歯医者さんに褒められるから」などの理由で「うれしいな、楽しいな」と思うのですね。
　　同じできごとに出合っても、感じ方は人それぞれでしたね。自分が「うれしいな、楽しいな」と思うできごとでも、友だちは「いやだな、困るな」と思うこともわかりました。
　　友だちと遊んだり、話をしたりするときに「友だちはどう思うのかな？」「自分は平気だけど、友だちはどう感じるのかな？」と考えることができると、今よりも楽しく、仲よく生活できるようになりますね。

活動シート

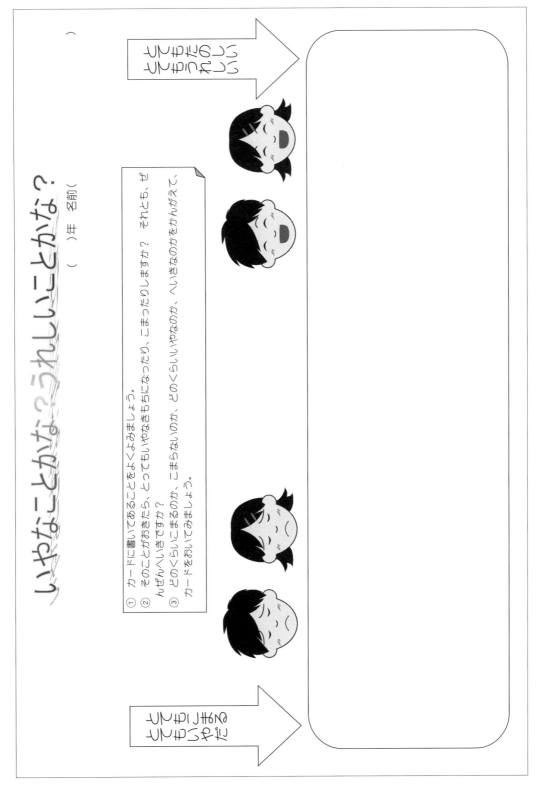

できごとカード

みんなでなかよくしよう！	みんなでなかよくしよう！
おてつだいをしたの	おてつだいをしたの
ハンカチをわすれた	ハンカチをわすれた
おかあさんにしかられた	おかあさんにしかられた
おともだちにしかられたの	おともだちにしかられたの
やくそくをまもったの	やくそくをまもったの
こうえんであそんだの	こうえんであそんだの
ともだちとあそんだの	ともだちとあそんだの
こうえんであそんだの	こうえんであそんだの
エプロンをつけたの	エプロンをつけたの
おふろからでてきたの	おふろからでてきたの
まいごになったの	まいごになったの
やくそくをやぶったの	やくそくをやぶったの
せんせいにほめられたの	せんせいにほめられたの
おかあさんにほめられたの	おかあさんにほめられたの

Chapter 4

幼稚園・保育園での
歯と口の学習

親子で学ぶ歯と口の健康

　幼児期は、食べる機能の獲得や乳歯のむし歯予防に大切な時期です。しかし、子どもに意識をもたせ、自主的な健康行動を求めることはまだまだ難しい時期でもあります。
　幼児期の「歯と口」に関する課題は、

　　（1）よくかんで食べる習慣付け
　　（2）好き嫌いをつくらない
　　（3）食事と間食の規則的な習慣付け
　　（4）乳歯のむし歯予防と管理
　　（5）歯・口の清掃の開始と習慣化
　　（6）歯・口の外傷を予防する環境づくり

とされています（文部科学省『「生きる力」をはぐくむ学校での歯・口の健康づくり』）。これらの課題は、幼稚園や保育園だけで実践するのではなく、家庭と連携することが大切です。子どもたちが成長し変化していく自分の歯と口に興味をもち、基本的な生活習慣を確立する第一歩となる健康行動のきっかけを作りたいものです。
　そこで、ここでは、保護者と子どもが一緒に楽しみながら歯と口の健康を学べるツールを紹介します。

「歯と口」に興味をもたせる～パックンチョ～

　「歯と口」は毎日使っていますが、「歯と口の健康」については身近にありすぎて、その大切さについて考える機会が少ないものです。特に幼児期は、自分で歯みがきをすることや仕上げみがきを嫌がる子どももいます。
　そこで、子どもたちに「歯と口」に興味をもってもらえるよう、折り紙形式で簡単に作れる「パックンチョ」を使った教材を考えました。ここでは、「よくかんで食べること」「歯みがきをすること」などの動機づけとなるイラストを使って教材を作製してみました。

Chapter 4 幼稚園・保育園での歯と口の学習

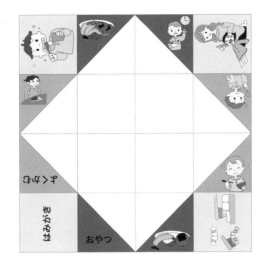

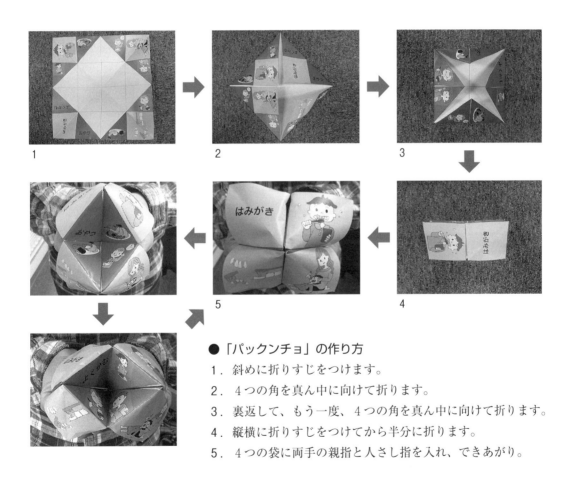

● 「パックンチョ」の作り方
1. 斜めに折りすじをつけます。
2. 4つの角を真ん中に向けて折ります。
3. 裏返して、もう一度、4つの角を真ん中に向けて折ります。
4. 縦横に折りすじをつけてから半分に折ります。
5. 4つの袋に両手の親指と人さし指を入れ、できあがり。

親子で考える～「食べ方」ミニ絵本～

　以下のコラム（p.78）で紹介していますが、現在、「吹く」「閉じる」「かむ」などの口の機能に課題がある園児が多くみられます。

　そこで、「よくかむ」「はみがき」「おやつ」について、「苦手かな？」と思うページを開いて楽しく学べる「ミニ絵本」を作りました。真ん中に切り込みを入れて折り込むだけで簡単にできる小冊子です。幼児期に身に付けてほしい「歯と口の健康」に関する情報を、幼児にもわかりやすいイラストで示しました。保護者の方と一緒に「歯と口の健康」について考える第一歩などとしてご活用ください。

Chapter 4 幼稚園・保育園での歯と口の学習

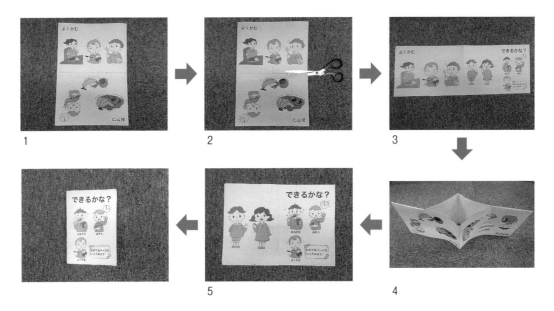

● 「ミニ絵本」の作り方
1. 横方向に半分に折ります。
2. はさみで切り込みを入れます。
3. いったん広げて、縦方向に半分に折ります。
4. 切り込みを入れた部分を開くように山折りにします。
5. できあがり（はみがき→おやつ→よくかむの順に見開きになります）。

コラム
園児の口腔機能の実態と食べ方支援の必要性

　近年、園児のむし歯は減少した一方で、絶えず開口状態の園児や、乳歯列に既に叢生（歯がデコボコしていたり、重なり合って生えてしまっている状態のこと）のある園児が以前より増加しているように思われます。

　そこで、保護者への健康講座の充実をめざして、3幼稚園の5歳児232名を対象に、口腔機能の状態、園児の食べ方、および食・生活習慣の実態について調査を行いました。

　口腔機能の状態では、「乳歯列に軽度の叢生がある」26％、「叢生がある」2％で、3割近くの園児に叢生があることがわかりました（図1）。

　「口蓋の大きさ」では、「大きい（◎型）」22％、「普通（〇型）」59％、「やや小さい（△型）」18％、「小さい（V型）」1％であり、2割近くが小さいことがわかりました（図2・3）。

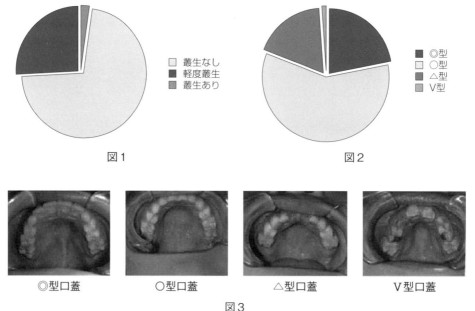

図1　　　　　　　　　　　　　　図2

◎型口蓋　　〇型口蓋　　△型口蓋　　V型口蓋

図3

また、20cm離れたところで息を吹いてろうそくの火を「消せる」園児69％、「消せない」園児31％で、3人に1人の園児がろうそくの火を吹いて消せないことがわかりました（図4・5）。

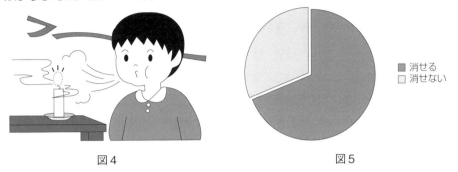

図4　　　　　　　　　　　　　図5

ボーロを活用した上唇の伸び方検査では、「上手に捕食できる」55％、「ぎこちない」29％、「できない」16％で、40％以上が上手に捕食できませんでした（図6・7）。

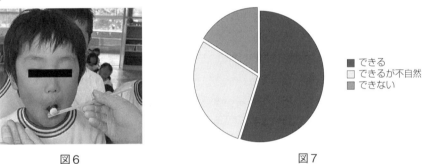

図6　　　　　　　　　　　　　図7

唇の縦横比を調べたところ、「縦1：横2」33％、「縦1：横3」41％、「縦1：横4」22％でした（図8・9）。

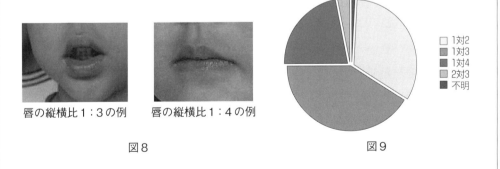

唇の縦横比1：3の例　　唇の縦横比1：4の例

図8　　　　　　　　　　　　　図9

さらに、唇の縦横比の割合が1：4の園児は、1：3の園児に比べて叢生ではない園児が多く（p＜0.05、図10）、口蓋が大きい園児が多いことがわかりました（p＜0.01、図11）。

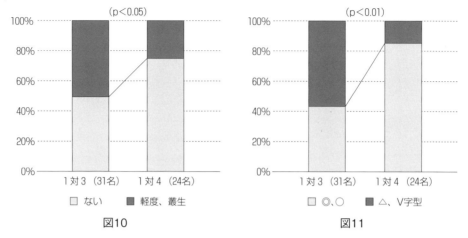

図10　　　　　　　　　　図11

次に、園児の食・生活習慣を調査した結果、昼間、口がポカーンと開いている（いつも、時々）園児は43％でした（図12）。食事の最中に水分を摂取する（はい、時々）園児は91％（図13）、食べるときにペチャペチャ音が鳴る（はい、時々）園児は36％でした（図14）。

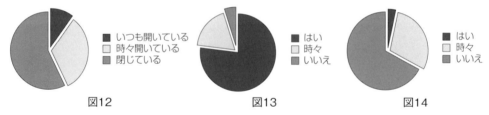

図12　　　　図13　　　　図14

今回の調査から、昼間、口がポカーンと開いている園児が4割以上存在することがわかりました。また、食事の最中に水分を摂取している園児が9割以上、食べるときにペチャペチャ音が鳴る園児が4割弱いました。

さらに、20cm離れたロウソクの火を吹いて消せない園児が3割、ボーロを上手に捕食できない園児が4割以上と、口元の機能や食べ方に課題がある園児が存在することが明らかとなりました。

これらのことから、歯科保健の立場から「食べ方支援」の必要性が示唆されました。

絵本で行う歯と口の健康教育

　子どもたちは、本当に絵本が大好きです。読み聞かせの時間には、大きな瞳をキラキラさせて、絵本に夢中です。
　子どもたちを夢中にさせる絵本には、どんな魅力があるのでしょうか？

➡絵本の魅力Ⅰ　想像力が高まる
　子どもたちは、たくさんの絵を見ながら想像力を働かせます。まだ見えていない次のページや、絵本には実際には描かれていない世界にまで想像を膨らませて、「次はどうなるのかな？」と、想像力を働かせることで、自分なりに考える力が身に付いていきます。

➡絵本の魅力Ⅱ　言葉を覚え、語彙が増える
　絵本の言葉を見たり聞いたりすることで、言葉そのものに興味をもちます。文字を知らなくても、文字を読めなくても、たくさんの言葉を耳から聞くことで、子どもたちは多くのことを覚えます。

➡絵本の魅力Ⅲ　感情が豊かになる
　絵本は、「見る」「聴く」「感じる」など多くの感覚をフル稼働させてくれます。様々な感情を味わうことで、人の気持ちを理解したり、考えたりと、心を豊かにしてくれます。

➡絵本の魅力Ⅳ　集中力が高まる
　絵本では、子どもたちの好奇心をくすぐるお話が展開されていきます。子どもたちは絵本の世界に引き込まれ、一生懸命、想像力を働かせます。知らず知らずのうちに、集中力を高めることにもつながります。

➡絵本の魅力Ⅴ　世の中のきまりが身に付く
　子どもたちは、絵本の中のお話で世の中の常識やきまりを知ることもあります。お話の中で誰かが困ったり、叱られたりすることを通して、規範意識も高まります。

➡絵本の魅力Ⅵ　コミュニケーション能力が高まる
　絵本では、様々な場面でたくさんの人が登場します。主人公の言動を通して、人とのかかわり方やお話の仕方を学ぶことにもつながります。
　何より、絵本を読み聞かせしたり一緒に読んだりすることは、子どもたちとの会話に花が咲き、大人と子どものコミュニケーションツールとなります。

そんな絵本の魅力を生かして、「歯と口の健康教育」に役立つ絵本を作りました。これまでに『歯ブラシサンタのおくりもの』『プッチ王の法律』を発刊しました。

　『歯ブラシサンタのおくりもの』は、いつもクリスマスプレゼントに歯ブラシをもらうニコちゃんが、幼なじみの正ちゃんにも歯ブラシをプレゼントして、幸せのおすそ分けをすることから始まります。
　20歳のクリスマスに二人は結婚しました。ニコちゃんのクリスマスプレゼントは今年も歯ブラシ。でも、本当は真っ白な健康な歯を「歯ブラシサンタ」からプレゼントされていたのです。正ちゃんにも20年分をまとめてプレゼント…。さて、その贈り物は…？　親子で読んでみたくなる絵本です。

　『プッチ王の法律』は、心優しいプッチ王が作った法律で国中がむし歯だらけになることからお話が始まります。恐ろしい魔女が現れて人々の歯をすべて奪い去り、国は大変なことになります。しかし、旅の牧師が秘密の武器を使って健康な歯を取り戻してくれました。さて、その秘密の武器とは？？？
　そして今回は、「見習い魔法使いの大冒険」を紹介します。

Chapter 4　幼稚園・保育園での歯と口の学習

　真夜中のポンプキン王国の空を散歩しているのは、マジョリン、マジョロン、マジョランのとても小さな魔女の三姉妹です。

「マジョロン、何よその箒、変な格好ね。昔から魔女が乗るのはこの木の箒なのよ」

「マジョリンお姉様、古いわね。知らないの？　これは電気掃除機よ。コードレスでどこへでも行けるし、サイクロンで強力なのよ。ところで、マジョランは何にまたがっているの？」

「またがってなんていないわよ」

　そう言って、マジョランは黒いスカートを少したくし上げました。靴の下に見えたのは、丸いお盆のような機械です。

83

「お姉様たち、古いわね。これからはお掃除ロボットよ。またがなくてもいいし、自動運転だからぶつかったりしないのよ」

　そんなことを言いながら墓地の上に来たとき、地面にぴかっと光るモノが見えました。魔女たちは、地面に降りてその光るモノを手に取りました。

「見てご覧なさい。うっとりするわ。真っ白な塊に茶色や黒い穴があいて綺麗ね」

「臭いをかいでご覧なさい。ドキドキしちゃうわ。バイ菌の香りよ」

「聞いてご覧なさい。心に響くわ。耳に当てるとうめき声や泣き声が聞こえるわ」

「きっと人間のむし歯ね。こんなモノに囲まれて暮らしたら、どんなに幸せでしょう」

「だったら人間のむし歯で家を造りましょうよ」

「いい考えね。賛成。むし歯を集めましょうよ」

魔女たちは国中のむし歯を集め、森の奥で新しい家を造り始めました。むし歯の穴にむし歯を差し込んで家の壁を造っています。

「マジョロン、もうむし歯がないわ」

「こんな数では、とても家なんてできないわ」

「最近、人間界では『むし歯予防』なんてやってるから、むし歯が減っちゃったのよ」

「むし歯をたくさん作ればいいのよ。『むし歯呼ぼう』運動ね」

　魔女たちは一生懸命、むし歯を作る方法を考えました。

「先ずは子どもたちを甘いモノ好きにしなくちゃ」

「赤ちゃんの時からお砂糖をいつも食べていれば甘いモノ好きになるわ」

「ミルクや離乳食にお砂糖をたくさん入れちゃいましょう」

　次の日、テレビで魔女大教授が言いました。

「お砂糖は人間の発達にとって、とても重要な栄養です。たくさんとりましょう。特に生まれたばかりの赤ちゃんには必要ね」

　すると、すぐにお母さんたちは、ミルクや離乳食に砂糖をたくさん入れるようになりました。

しばらくすると、赤ちゃんは甘いミルクや甘い離乳食しか食べなくなりました。

「次はどうしようか？」

「むし歯はバイ菌が作るのよ。だから、赤ちゃんにお母さんのバイ菌を移すの」

「お母さんが赤ちゃんに口移しすればいいの」

　次の日、テレビで魔女大教授が言いました。

「子育てにはスキンシップがとても重要なの。赤ちゃんには離乳食を口移しししましょう」

　すると、次の日からお母さんたちは、食事を口移しするようになりました。赤ちゃんの口の臭いはお母さんと同じになりました。
　少しむし歯が増えてきましたが、まだまだです。

「次はどうしようか？」

「きっと歯みがきが悪いのよ。歯みがきをしなければいいの」

　次の日、テレビで魔女大教授が言いました。

「人間は自然に育てることが重要です。歯ブラシなんて、もってのほか。歯ブラシでみがく動物はいませんよ。しっかり食べれば自然に歯はみがかれます。それと歯みがき剤も自然のものではないので、使わないでね」

　すると、お母さんたちは、歯みがきを止めてしまいました。子どもたちの歯がビワのような黄色になってしまいました。

むし歯はまたまた増えてきましたが、まだまだ足りません。

「もっとむし歯が欲しいの。次はどうしようか？」

「いつでもお菓子を食べていればいいのよ」

次の日、テレビで魔女大教授が言いました。

「子どもはのびのび育てることが重要よ。好きなお菓子を食べられないなんてストレスです。好きなだけ食べさせてあげてね。特に寝る前に食べると幸せに寝られるのよ」

するとお母さんたちは、お菓子を自由に食べさせるようになりました。子どもたちは朝起きてから寝るまで、ず～っとお菓子を食べながら生活するようになりました。

甘いもの好きに育った子どもたちは、お母さんからバイ菌を移され、甘いお菓子ばかり食べるようになりましたが、歯みがきはしません。むし歯天国の始まりです。

「やったあ～‼」

マジョリン、マジョロン、マジョランの魔女三姉妹は大喜びです。すばらしいむし歯の世界ができあがりました。魔女たちは小さな家でなく、大きなむし歯のお屋敷を造って、幸せに暮らしました。

この絵本の読み聞かせ後に、「みなさんがむし歯にならないようにするには、どうしたらよいのでしょうか」と子どもたちに質問します。これにより、子どもたちの絵本の理解力も把握でき、子どもたちの答えを聞きながら、むし歯を防ぐ方法をまとめます。

　むし歯予防のポイントは
１）甘いものを食べ過ぎない
２）寝る前は甘いものを食べない
３）食べたら歯をみがく
４）よくかんで食べる
等です。

本書付録の CD-ROM について

- CD-ROM には、本書に掲載している指導用資料、教材およびワークシートの一部を、Power Point データ、Word データ、PDF ファイルで収録しています（※ Microsoft Windows 7、Windows 8.1、Windows 10 を搭載したパソコンで動作確認済みです）。
- Word データは Microsoft Word2016 で作成しています。Microsoft Word2016 で動作確認済みです。
- Power Point データは Microsoft Power Point2016 で作成しています。Microsoft Power Point2016 で動作確認済みです。
- ＊上記以前のバージョン、また上記以外の OS など、ご使用の環境によってはレイアウトや文字書体等が正しく表示されない場合があります。ご了承ください。
- ＊ PDF ファイルをご覧いただくためには、Adobe Acrobat Reader／Adobe Acrobat が必要です。Acrobat Reader（デスクトップ版）は、アドビシステムズ社のホームページ（https://www.adobe.com/jp）より無償でダウンロードできます。

【ファイルの説明】

本書では、CD-ROM に収録されている指導用資料、教材およびワークシートにロゴマーク〔 (CD) 〕を付記しています。

【ご使用にあたって】

収録されたデータは、非営利目的の場合のみ使用できます。但し、下記の「禁止事項」に該当する行為は営利、非営利を問わず禁じます。

〔禁止事項〕
- 本製品中に含まれるデータそのものを本製品から分離・複製して、独立の取引対象として頒布（販売、賃貸、無償配布、貸与など）すること、また、インターネットのホームページなどの公衆送信を利用して頒布すること。
- 本製品の販売の妨げになるような使用。
- 公序良俗に反する目的での使用や、名誉毀損、その他の法律に反する使用。

以上のいずれかに違反された場合、弊社はいつでも使用を差し止めることができるものとします。

〔免責〕
- 本製品に関して、弊社はいかなる保証も行いません。本製品の製造上の物理的欠陥については、良品との交換以外の要求には応じられません。
- 本製品の使用により発生したいかなる障害および事故等についても、弊社は一切責任を負いません。
- CD-ROM の包装を開封した場合には、上記内容を承諾したものと判断させていただきます。

記載の会社名や製品名は、各社の商標または登録商標です。

執筆者一覧（※所属は2018年11月現在、五十音順）

■編著者

石黒幸司（岐阜県恵那市国民健康保険上矢作歯科診療所所長）

関根幸枝（茨城県鉾田市立旭西小学校養護教諭）

高田康二（元 公益財団法人ライオン歯科衛生研究所）

武井典子（公益財団法人ライオン歯科衛生研究所）

村上元良（京都府綾部市立綾部小学校校長）

■著　者

小林文恵（信州大学教育学部附属松本小学校養護教諭）

　〔Chapter 3：コラム〕

佐塚仁一郎（佐塚歯科医院院長）

　〔Chapter 4：絵本で行う歯と口の健康教育〕

高柳幸司（愛知県私立学校歯科医会副会長、高柳歯科クリニック院長）

　〔Chapter 4：コラム〕

東尾真紀子（関西女子短期大学養護保健学科、前 和歌山県立桐蔭中学校養護教諭）

　〔Chapter 3：決める力を使って、よくかんで食べよう！〕

「主体的・対話的で深い学び」に導く
歯・口を教材とした健康教育
子どもたちのライフスキルをはぐくむ実践集

2018年12月15日　初版第1刷発行

編著者　石黒幸司・関根幸枝・高田康二・武井典子・村上元良
著　者　小林文恵・佐塚仁一郎・高柳幸司・東尾真紀子
発行者　山本成一郎
発行所　株式会社東山書房
　　　　〒604-8454　京都市中京区西ノ京小堀池町8-2
　　　　TEL 075-841-9278／FAX 075-822-0826／IP 050-3486-0489
　　　　〒102-0073　東京都千代田区九段北4-3-32　一口坂 TS ビル 7 F
　　　　TEL 03-5212-2260／FAX 03-5212-2261／IP 050-3486-0494
　　　　https://www.higashiyama.co.jp
印刷所　共同印刷工業株式会社

© 石黒幸司・関根幸枝・高田康二・武井典子・村上元良・小林文恵・佐塚仁一郎・高柳幸司・東尾真紀子

2018 Printed in Japan　ISBN978-4-8278-1552-8

■本書の内容およびCD-ROMのコピー、スキャン、デジタル化等の無断複写・複製は、著作権法上の例外を除き
禁じられています。本書を代行業者等の第三者に依頼してスキャンやデジタル化することは、例え個人や家庭
内の利用でも著作権法違反です。